日本中世に何が起きたか

都市と宗教と「資本主義」

網野善彦

角川文庫
20264

日本史の中の世界一

田中英道

日本中世に何が起きたか

都市と宗教と「資本主義」

目次

Ⅲ　音と声

Ⅳ　宗教者

序にかえて

絵師の心　一遍と「乞食非人」

絵師が描けなかったもの

もう十年以上も前に、私はすぐれた画家であり、また文学者でもある司修さんと一緒に、子どものための絵本を作るという仕事をする機会に恵まれた。河原に中世の町が生まれるという長い歴史を絵本にしようという無謀な企てだったが、私にとって大変楽しい仕事であり、七、八年をかけて、ようやく世に送り出すことができた[1]。この間、司さんは中世の絵巻物や近世の洛中洛外図などを熱心に勉強され、つぎつぎに難問を私に投げかけられた。これに答えながら私は司さんに、絵巻物の絵師が描けなかったものを画いて下さい、と注文したことがある。これは私自身、絵巻物をながめながら、気付いたことがあったからであった。

子どものころ、私は昆虫採集が好きで、よく山野をかけまわった。そのせいか、絵巻物に虫がほとんど姿を見せないことが大変気になった。とくに蝶《ちょう》。その美しさに絵師はなぜ目をとめなかったのか。『法然《ほうねん》上人絵伝』で一カ所見た覚えはあるが、紋様にはしばしば用いられるにもかかわらず、絵巻物には蝶がほとんど現われないのである。

おそらくこれは、蝶がそのころ人の魂と考えられ、むしろ不吉とされていたからではないか。人びとはその美しさに、かえって人ならぬもののおそろしさを感じていたのではあるまいか。事実、東国では黄蝶の群舞するのは「兵革《へいかく》の兆《きざし》」とされていたのである。[2]絵師が蝶を描かなかったのはそのためだろう、と私は司さんに語り、司さんは絵本のために黄蝶の群舞するすばらしい絵を仕上げられた。

このように、絵師には描けない、あるいは描きたくないものもあったはずである。それとともに、どうしても描きたいものが、当然あったに相違ない。私たちが絵巻物を本当に「読む」ためには、もちろんその様式、細部にわたる綿密な検討の必要であることはいうまでもないが、なにより、そうした絵師の心を読みとることが必要なのではないか、と私は思う。

『一遍聖絵』を読む

『一遍聖絵《いっぺんひじりえ》』（一遍上人絵伝）は近年さまざまな関心から注目され、多くの研究が発表されている絵巻である。その中で最も関心を集めている点の一つは、この絵巻に「乞食《こつじき》非《ひ》人《にん》」の姿が非常にたくさん描かれていることではないかと思う。実際、被差別部落形成史を正確なものとするために、この絵巻は非常に重要な資料なのである。

それだけに考え方もいろいろに分れているが、これまで広く行われているのは「乞食非人」と一遍、時衆《じしゅ》との関係があったことは事実としても、両者の間は遠くはなれたよそよそしいものだったという見方であった。しかし私にはどうもそのようには思えなかった。

それならば、なぜ、これだけ多様な姿態の、一人一人みな違っているといってよいほどの「乞食非人」を絵師は描いたのか。それを一遍の遍歴する場と「乞食非人」の集まる場とが一致していたという「偶然」に求めてしまうこともできるが、それでは絵師の「乞食非人」に対する「執念」といってもよいほどの強い関心は全く理解できなくなってしまうのではなかろうか。

このような私の疑問を解いてくれる絵は、その絵巻の中にいくつかあった(3)。その一つが、尾張の甚目寺《じもくじ》での施行《せぎょう》の場面である。この絵に対応する詞書《ことばがき》には、一遍と時衆たちはここで「七日の行法《ぎょうほう》」をはじめたが「供養ちからつき」、時衆たちも疲れはてていたところ、近くの萱津宿《かやつのしゅく》にいた「徳人《とくじん》二人」が同時に毘沙門天《びしゃもんてん》の一遍たちに供養せよとつげる夢を見て、早速、施行を行った、という奇蹟譚《きせきたん》が語られている。

これに対し、絵師は本堂と本尊の脇に立つ毘沙門天の前で手を合せる一遍と時衆、奇蹟を見ようとその周りに集まる人びとを左端に、右端には生垣と、その前に撮棒《さいぼう》を

『一遍聖絵』から尾張甚目寺の施行の場面　左端、毘沙門天の前で手を合せるのが一遍と時衆、右端の生垣の前に立つ非人が数人、そして両者の間には境内をわがもの顔に歩く総髪の男、本堂の縁先に跪く下げ髪、束髪の男がいる。（清浄光寺蔵）

持って立つ非人数人を描き、楼門を中心に、本堂の側の境内には異様な男女数人、生垣の側には供養—施行のための食物を入れた唐櫃《からびつ》をかつぐ男たち、桶《おけ》をいただく女たちを描き込んでいる。

　卒然とこの絵を見れば、一遍、時衆と非人たちとの間に対極的ともいえるほどの距離があり、見方によっては、非人たちが施行の余りものをもらうために待ち構えているという解釈も成り立つかに思われる。

　しかし、問題は両者の間にあって、境内をわがもの顔に歩く、高足駄《たかあしだ》をはいて団扇《うちわ》を手に持ち、総髪《そうはつ》にした男と、本堂の縁先に手をついて、何事かを時衆につげるかのごとく跪《ひざまず》く、下げ髪、束髪の男であり、二人はいずれも烏帽子《えぼし》を被《かぶ》って

いない。とくに前者は「異形《いぎょう》」といっても差支えなかろう。この二人の男について、これまでとくに議論されたことはなかったと思うが、私はこれこそまさしく、さきの詞書のいう「徳人二人」と考える(4)。

ここには絵巻物における詞書と絵との関係という未解決の重要な問題があるが、それはさておき、もしもこの推定が認められるならば、この絵は鎌倉後期の有徳人のあり方を考える上での重要な資料となろう。とくに注目すべきは、二人がともに「童形《どうぎょう》」であること(5)、高足駄の男の従える赤子を抱く女、莫蓙《ござ》を持つ女、長《なが》柄傘《えのかさ》をかつぎ笈《おい》を負う男も異様な人びとであり、蓬髪《ほうはつ》のこの男は、絵巻の随所に非人とともに描かれることの多いタイプの人であること、さらに唐櫃を担ぐ男たちも蓑帽子《みのぼうし》を被る人、僧形の人など、やはり異形に近い人びとであることなどであろう。

そしてこの人びとを間に置いて見ると、一遍、時衆と生垣の非人との間の距離は一挙になくなるといってよい。この場面につづく詞書は、一遍の遊行が「悪党《あくとう》」に支えられて三年間、無事であったとのべているが、そこまで視野に入れてみれば、絵師がこの絵で描こうとしたのが、まさしく一遍に深く帰依《きえ》した「異形」の人びと、「悪党」たちそのものであったことは間違いない、といってよいのではなかろうか。そしてそうした人びとに連なる「非人」もまた、絵師にとって、どうしてもそこに描き込まなくてはならない人びとだったのである。

それはおそらく、この絵巻全体を貫く一つのテーマ――一遍への「乞食非人」の帰依と、その教えによる救済というテーマと、深く関連していたからであり、絵師もまた同じ心であったが故に、この絵巻の「乞食非人」が執拗《しつよう》なまでに精細に、生き生きと描かれえたのだ、と私は考えてみたい。こうした見方が成り立ちうるのかどうか、大方の御批判をいただければ幸いである。

（1）『河原にできた中世の町――へんれきする人びとの集まるところ――』〈歴史を旅する絵本〉、司修氏との共著、岩波書店、一九八八年。

（2）『吾妻鏡』文治二年五月一日条、寛元五年三月十七日条、宝治二年九月七日条。

（3）拙稿「中世の「非人」をめぐる二、三の問題」『立命館文学』五〇九号（『中世の非人と遊女』〈明石書店、一九九四年〉に収録）。

（4）この高足駄の人を「ぼろぼろ」という芸能者とする黒田日出男氏の興味深い指摘があるが、それが「徳人」であることは全く矛盾しないと私は思う。

（5）「童形」の問題については、拙著『異形の王権』（平凡社、一九八六年）で詳述した。

I 境界

境界に生きる人びと　聖別から賤視へ

自然と人間との境

大変大げさな題を掲げてしまいましたが、最近、いろいろな分野で、「境」あるいは「境界」の問題が取り上げられるようになり、「境界領域」についてもいろいろな形で議論されるようになっております。実は、私も編集委員の末席にいる『日本の社会史』(岩波書店)というシリーズの第二巻で、「境界領域と国家」という大きなテーマを与えられて、ここ数カ月、それで苦しみ抜いているところですが、その過程で考えましたことを、今日お話しするつもりなので、このような題を掲げた次第です。

ふつう「境界領域」といいますと、共同体と共同体の間の空間をさすことが多いと思います。確かにこれは、「境界領域」について考える場合、度外視できない大事な空間であることは、間違いないと思いますが、ここで「境界」という場合はもうすこし広い意味にとらえたい。そのような人の集団と人の集団との間の境界と同時に、境界領域の問題を全面的に考えるためには、現代の言葉でいえば、いわば自然と人間との境ともいうべき空間、場の問題をあわせ考える必要があると思うのです。

いま自然と人間と言いましたが、時代を中世から古代、さらに原始社会に遡りますと、自然はまだまだ人の力の及び難い未知の世界だったことはいうまでもありません。人間がほとんど手を伸ばすことのできない世界は現在でも、まだ地球上にはありますけれども、そういう世界が、中世以前にはまだ非常に広かったと思います。いわばそれは、「無所有」の世界、人間の全く関わることのできない世界だったといえましょう。しかし人間の力の全く及んでいない「無所有」の世界が、人間の社会に何の影響も及ぼさないわけでは決してないと私は考えております。そういう世界は、人の力の及び難い力を持った世界として、ときに神仏の支配する世界として、人間の社会に常に影響を及ぼし続けてきたと言ってよいと思うのです。

たとえば、まだ人間の登ることのできなかった富士山、もちろん「無所有」の富士山に、原始の人びとが聖なるものを感じとり、宗教的な畏敬《いけい》の感情を持つことは、当然ありえたことで、これは「無所有」の自然と人間の世界との関わりを示す一つの事例になると思います。そうした世界には人の力を超えた畏敬、あるいは畏怖《いふ》すべき聖なるものが存在している、と当時の人びとは考えたのではないかと思います。

それ故、こうした「無所有」の自然、聖なる世界と俗界との境界領域は、人間の社会にとっていろいろな意味を持って具体的に現われてきます。さしあたり、場に即してみると、海については浜、あるいは浦、崎《さき》などが、川については河原や中洲《なかす》などの場所が、そうした自然と人間の世界との境、聖界と俗界の境になると思います。また山の場合は山の根、坂、峠を、そのような場所とみることができます。そういう場所は、先ほど言いましたように「無所有」の自然の力、神仏の力が及んでいると考えられていたのですが、それが、人間の社会活動の中に位置付けられますと、道や橋、市《いち》や宿《しゅく》、関《せき》、渡《わたし》、津《つ》、泊《とまり》、さらに墓所など、それぞれに社会的機能を持つ人為的な施設がそこに設けられるようになってきます。

しかしそういう場所は、人間の社会活動の中にとりこまれても、それ以前からの聖界と俗界の境という性格を依然として持ち続けており、中世以前には神仏の世界と俗人の世界の接点と考えられたのではないかと思います。それがさらに自覚的にとらえられた時、こうした場が「無縁《むえん》」、「公界《くがい》」の場としてとらえられるようになります。こうした場は屋敷や田畠《でんぱく》などのように垣根によって仕切られた空間とは、はっきり区別しなければならないので、社会の中での扱われ方は明らかにちがっています。

最近、西垣晴次さんや山本幸司さんが指摘されているように、そういう仕切られた空間の中では、「ケガレ」が発生し、伝染します。ところが、仕切られた空間では「ケガレ」になることも、道や橋、市のような開放された場所では「ケガレ」にならないし、伝染もしないのです。二つの空間のちがいは、この点に明らかといってよいと思います。

こういう場の問題については最近、いろいろな研究が発表されるようになりましたが、ここでは、そういう聖界と俗界の境界に生きる人びとをとりあげてみます。この問題は、広い意味では宗教の問題にも若干は関わりを持つのではないかと思います。

境界的な行為としての交易

さしあたり、中世前期以前に限定してその聖・俗の境界に生きた人びとを、具体的にあげてみますと、まず第一に、マジカルな力を持つ宗教者があげられなくてはなりません。たとえば、「巫女《みこ》」「遊行女婦《うかれめ》」もその一種で、これは当然古代にすでにその姿を見ることができると思います。巫女はもちろんですが遊女《ゆうじょ》の場合も、やはり神の世界と関わりを持つ女性の集団だと思います。

それから、山林に修行する僧侶、修行者、のちの山臥《やまぶし》なども当然その中に入れることができましょう。

それと同時に考えておかなくてはならないのは、山林という場の位置づけで、日本の社会においては農業社会が成立して以後、山野河海《さんやかかい》はそれ自体が多少とも聖なる性格を持ち、境界的性格を持っていたと考えられます。そういう場で活動する人びとして、山臥、野伏《のぶし》がありますし、山立《やまだち》(猟師)、山賊、海賊もやはり境界的な人といってよいと思います。

しかしそれ以外にも境界的な場に関わる境界的な行為、活動を考えることができます。たとえば交易、商業はそれ自体、境界的な性格を持つ行為と考えられます。おのずとそれを担う商人は境界的な人となろうかと思います。古い時代、交易、商業は聖なる世界、神仏の世界との関わりなしには行い得なかったのではないかと考えられるのです。先ほどもご紹介した『日本の社会史』のシリーズの第四巻に勝俣鎮夫《かつまたしずお》さんが、「売買・質入れと所有観念」という興味深い論文を書いておられますが、その中で、交易という行為、あるいは市場という場の性格について、非常に重要な指摘をしておられます。

物と物との交換、贈与《ぞうよ》互酬《ごしゅう》が繰り返されると、通常の状況では人と人との間は緊密に結びついていく。特に古代人にとって自分自身とその持ち物とがきわめて強く結びついている。だから物を交換することによって自分自身の一部を相手に渡し、相手自身の一部を自分にもらうことになるので、むしろ切り離し難いきずなが、両者の間でできてしまうわけです。それでは交易は成り立ちえないことになります。とすれば、交易という形で、物自体の交換が行われるためには、やはり、ひとつの手続きが必要になる。その手続きが行われる場所が市庭《いちば》です。

市の立つ場所にはさまざまな特徴があります。たとえば大樹が立っている所に市が立つ。また虹《にじ》が立つとそこに市を立てなければならないという、日本だけでなくて広く他の民族にも見出される習慣があります。そのほか河原、中洲《なかす》、浜、坂、山の根など、特徴的な場所に市が立ちます。このような市の立つ場所はまさしく自然と人間社会との境、神仏の世界と俗界の境で、神の支配下にあり、聖なるものに結び付いた場であり、そこに入ったものは、人間でも物でも俗界の縁から切れて、聖界に属することになる。いわば一旦は神のものになるという特異な性格を持った場なのだと、勝俣さんは指摘していらっしゃいます。

私流にいえばこれは「無縁の場」ということになりますが、市庭はそういう場だから、はじめてあとぐされなく物を物として相互に交換することができる。逆にいえば商品の交換は、そういう場所でなければできなかったことになります。いわば物を一旦神のものとして交換するわけですから、これは神を喜ばせる行為であったとも、勝俣さんは指摘をしておられます。

この見方に私は、全く同感です。市という空間は、そのように特異な、境界的な空間であり、そこで行われる交易という行為そのものも、境界的な行為ということになります。交易は神仏との関わりにおいてはじめて行い得るわけですから、この交易を業とする人、市や道で活動する商工民、遍歴する商人、職人はやはり境界的な人びととして、神仏に関わりを持たざるをえなくなってくることになります。

出挙——神物を貸し付ける

それから、金融という行為もやはり、古くは神仏と関わりなしには、成立し得なかったと私は思います。これは人間社会にかなり共通していることで、他の民族の場合も、神殿が金融機関であったという事例が古く見出されるようですが、日本の社会の場合、物を貸して利息を取るという行為の最も初原的な形態は「出挙《すいこ》」です。これについては議論もいろいろありますが、初穂《はつほ》として神に捧《ささ》げられ、神聖な倉庫にしまわれていた稲を種籾《たねもみ》として農民に貸し与え、秋に神への感謝、御礼の意をこめて、若干の利息をつけて、倉庫に戻す。これがおそらく「出挙」の源流であろうと思います。

この習俗が律令国家の制度に組織されて、「公出挙《くすいこ》」という形になっていくのだと思います。しかし、「私出挙《しすいこ》」がこれと並行して行われていたように、こうした方式はその後も引き続き、日本の社会で行われています。じっさい中世になりましても、金融の行為は「出挙」と呼ばれるのが普通ですし、金融業者である「借上《かしあげ》」や「土倉《どそう》」の金融の仕方をみても、それが出挙と同じ考え方に基づいていることは明らかです。

中世では、初穂のことを「上分《じょうぶん》」といいます。たとえば、日吉《ひえ》神社の場合は日吉上分銭、日吉上分米、熊野神社では熊野上分米といいますが、それを熊野御初尾米ともいっているのです。このような熊野や日吉の神に捧げられた初尾、上分が貸し出される。つまり、神物《しんもつ》を貸し付け、神に対する御礼として利息を取るわけです。私は経済学については素人ですが、なぜ、利息を取ることができるのか、なぜお金を借りた時に、元金だけを返すだけで事がすまないのか、という問題について、経済学的な説明をすることは、かなり困難なのではないかと思うのです。多分もう解決ずみのことかもしれませんが、おそらく、利息はどの民族でも、農業ないし、牧畜などの生産との関わりで生まれてくるのではないかと私は考えております。

少なくとも日本の場合、「出挙」という農業生産と関わる循環の原理があるが故に、利息は当然払わなくてはいけないということになってくることは確実だと思います。これは仏物《ぶつもつ》の場合も同様で、南北朝期以後「祠堂銭《しどうせん》」（祠堂修復を名目に仏に寄進された銭）の貸付が、禅宗寺院をはじめ広く新仏教系の寺院において行われるようになります。この場合も「出挙」と全く同じ原理だといってよいと思います。この制度は中国から入ってきたといわれますが、そうだとすると中国でも同じようなことが考えられるのかもしれません。いずれにせよ金融という行為をすることは、それ自体神仏に関わりがある。おのずと金融業者も神仏に属した神人《じにん》・寄人《よりうど》になりますので、これもまた、境界的な行為に携わる人びとということが、可能ではないかと思います。

芸能と神仏

それから、もうひとつ広い意味での「芸能」――手工業者の技術、いわゆる芸人の芸能、宗教者や呪術者《じゅじゅつしゃ》の能力を含めた芸能についても、これを境界的な行為ということもできると思います。

まず狭い意味の芸能の場合、古代以来、神を招くため、あるいは神に捧げ喜ばせるために行われたことはすでに認められていることですが、鍛冶や鋳物師《いもじ》の鍛造《たんぞう》や鋳造《ちゅうぞう》の技術、建築工の技術も、やはり、自然の中の、普通の人には引き出し難い力を、緊張度の高い行為を通して導き出し、素材にひとつの形を与えていく仕事で、当時の人びとにとって、これがやはり、聖俗の世界を橋渡しする境界的行為と考えられたとしても不自然ではなかろうと思います。じっさい、飛驒工や絵師などについて、『今昔物語集』などに出てくるような、神技ともいうべきすぐれた技術にまつわる説話伝説が数多くあるのは、そのことをよく物語っています。このような職能民に付随する説話を考えてみますと、当時の人びとが技術を、どのように受け取っていたかがよくわかるので、これも自然―神仏の世界と人間の世界、聖と俗の境界的な行為、といってよいと思います。これは後でふれる「非人《ひにん》」や遊女についてもいえることで、特異な職能を持っている人びとの活動はおのずから境界的な性格を持ってくるのだと思います。

さらに言えば、ここでは立ち入りませんけれども、文字を扱う人びとについても、同様な意識が、古くはあったようです。文字そのものの発生についてはいろいろな議論がありましょうが、特に漢字がその発生において神の世界と深い関わりを持っていたことは、白川静《しらかわしずか》さんのお仕事によっても明らかですが、それが日本の社会にうけいれられてからも、文字自体が聖なるものに結びついた記号ととらえられていたと思います。ですから文字を使える人が、聖俗の世界の境界に関わる人ととらえられたことは、十分考えられるのではないかと思います。

このような問題は、職能に関わる行為だけでなく、それと結びつきながらさらにひろく、翁《おきな》と童《わらわ》あるいは女性そのものの問題にも当然、広がってゆくと思いますが、ここではそれにはふれず、まず、このような境界的な人びとの活動を歴史的に辿《たど》ってみます。

このような人びとはもちろん律令国家の成立前から当然ありえたと思いますが、日本の場合、律令国家という、非常に整った官僚組織が中国から導入されましたので、こうした人びとの活動は、もちろんすべてではないにせよ一旦、官僚組織の中に、それぞれ位置付けられるようになっていきます。たとえば、金融の起源ともいうべき「出挙」は国家の制度に組織される。職能民もそれぞれ都の官司《かんし》の下に品部《しなべ》・雑戸《ざっこ》などとして位置付けられていく。僧侶の場合も庶民への布教を、きびしく僧尼令《そうにりょう》によって禁止されるような形で組織化されたことはよくご承知の通りであります。遊女も、どうも早くから官司と関わりがあったのではないかと思います。

ただ日本の社会の問題を考える場合の重要な問題は、この制度をうけいれたときの日本の社会が、ある意味ではまだかなり未開なマジカルなものの力の生きている社会であり、非常に文明化された高度な制度である中国の律令を、未開なだけに素朴かつ熱心にうけいれたことです。いわば、非常に早熟に文明をうけいれたということで、このことがその後の日本の社会の歩みに、さまざまな影響を及ぼしていると私は思います。境界的な人びとのあり方についても、このことを十分に考えておく必要があります。

律令国家とのせめぎ合い

さて八世紀以後になると、この律令国家の組織が弛緩《しかん》してきますが、それとともに、国家の統制下に一応組織され切ったようにみえた境界的な人びとの姿が歴史の表面にさまざまな形で現われてくるようになります。よくご承知の行基《ぎょうき》や役行者《えんのぎょうじゃ》の動きもその一つですが、それは『日本霊異記』の中にさまざまな形で現われております。

たとえば、山林修行することによって特異な力をつけた僧侶、貧しく藤で綴《つづ》った衣を着けながら天に昇った女性、乞食《こつじき》し、市に徘徊《はいかい》して浮浪する多くの私度僧《しどそう》（官の許可なく得度《とくど》した僧）、あるいは大安寺のお金を借り、越前の敦賀津《つるがのつ》に行って商売をする人、花を売る女性、仏の銭《ぜに》を得て出挙することによって大きな富を得た女性、馬に瓜《うり》を負わせて売る男、大船に荷物を載せて港々で交易する商人、さらに、酒や米や銭を出挙する男女等々、非常に多様な人びとが『霊異記』の世界には現われてきます。

このような人びとは、律令国家の原則から大きく逸脱する人びとですが、『霊異記』はこういう人びとに対して、全体としては肯定的な評価を与えている。特に私度の沙《しゃ》弥《み》（修行中の僧）や、乞食について、そこに「隠身の聖人」の姿をみていることなどについては、すでに仏教史の中で、いろいろの角度から指摘されてきたことだと思います。いわばここに境界的な人びとをめぐる、当時の日本社会の動きと律令国家の原則を維持しつづけようとする動きとのせめぎ合いを、うかがうことができると思うのです。

十世紀になり律令国家の変質が著しくなりますと、こういう人びとの動きは、さらに顕著になってきます。市中を遊行し市聖《いちひじり》といわれた空也《くうや》、革服を着ていたので皮《かわ》聖《ひじり》といわれた行円《ぎょうえん》のような聖、上人の活動をはじめ、十一世紀に入ると、寺院の修造や、仏像、経筒《きょうづつ》、梵鐘《ぼんしょう》などの造作《ぞうさく》を、鋳物師、仏師《ぶっし》、石工《いしく》などの手工業者とともに推進する勧進聖の動きが非常に広く見出されるようになってきます。この動きと並行して、神物・仏物を出挙する借上といわれる金融業者――この中には女性が最初から深く関わりを持っているようですが――さらに商工業者、芸能民の動きも、十一世紀以降には非常に活発になってきます。

『倭名類聚鈔《わみょうるいじゅうしょう》』はその分類項目として人倫男女類、老幼類をあげたあと、工商類として医、相工《そうこう》をはじめ鍛冶、陶物造《すえものづくり》、市の人、商人などをあげていますが、乞盗類の中に巫覡《かんなぎ》、遊女《うかれめ》、乞児《かたい》、偸児《ぬすひと》、群盗、海賊、囚人をまとめているのです。これを細かく分析するといろいろな問題がでてきますが、それはともかく、さらに『新猿楽記《しんさるがくき》』の中に、さまざまな職能を持っている人びとが「所能《しょのう》」として描きあげられています。また、『宇津保物語《うつほ》』の中の神南種松《かんなみのたねまつ》という地方豪族の話として、一種の職人尽《づく》しの形がでてきます。ここには炭焼、木樵《きこり》、鵜飼《うかい》、鷹飼《たかかい》、網結《あみゆい》、馬飼《うまかい》、牛飼《うしかい》、酒造、轆轤《ろくろ》師《し》、鍛冶、鋳物師、織手《おりて》などの職能民が書き上げられているのです。いわば、律令国家の支配下に潜在していた多種多様な境界的な人びとが、それぞれ独自な集団として全面的に表面に現われてきたといってよいでしょう。

神仏、天皇に直属

しかも、非常に興味深いのは、こうした借上、商工民、芸能民、さらに海民、山民の一部が、この段階になると、しばしば神仏そのもの、あるいは、天皇に直属する形で姿を現わしてくることです。つまり、この人びとは聖別された集団として神仏に奉仕する神人、寄人、天皇に贄《にえ》を献《ささ》げる贄人《にえびと》などの称号で呼ばれるようになっているのです。このうち神人は『日本霊異記』では閻羅王《えんらおう》に仕える人、あるいは猨聖《さるひじり》と呼ばれた異形《いぎょう》の尼をあざける僧侶を、空から降って来て、矛《ほこ》で突いて罰するような人、そういう人ならぬ存在ととらえられています。一方、『続日本紀《しょくにほんぎ》』には常陸《ひたち》の鹿島神社に属する神賤という人びとが見られます。十一世紀以降、活発に動きはじめる神人らが「神奴《しんぬ》」と自らいっている点からみて、この人びとも神に直属する人だったとみてよいと思います。また同じころ「寺奴《じぬ》」という言葉もでてきますが、これは仏に直属する人だったと私は思うのです。このような人びとは神や仏に直属することによって、一般の人びと、平民とは異なる立場に自らを置くようになっています。

たとえば、十一世紀初頭、宇佐神宮の神人が、大挙して上洛し、大宰帥《だざいのそち》平維仲《たいらのこれなか》を陽明門で訴えるとか、黄衣《こうい》を着て榊《さかき》を捧げた伊勢神宮の神人が、民部卿藤原兼忠《かねただ》の家に乱入するなどの動きがみられます。十一世紀になると、このような神人が非常に広く見出されるようになってきます。こういう人びとは、神社に所属した神の直属民であり、その中には海民をはじめさまざまな職能民、金融業者などがいたとみて間違いないと思います。また律令時代に天皇に直属していた海民―贄人も十一世紀には内膳《ないぜん》司寄人《しよりうど》などの形で姿を現わしています。こういう職能民を天皇家をはじめ大寺院や神社は、十一世紀から十二世紀にかけて、その支配下に組織しようと競合しておりました。延暦寺の山僧《さんそう》、熊野三山の山臥もこうした人びとに加えてよいと思いますが、こうした人びとの活動がこのように社会の表面に大きく出てきたことが、王朝国家の重大な政治問題になってくるのです。神人や山僧の嗷訴《ごうそ》を防ぐために院が武芸を持つ武士を登用するようになったことはご承知の通りです。

こうして十一世紀の後半から、このような寺社に属する山僧・神人などに対する王朝側の対応は、本格的になってきます。そのひとつは、荘園と公領の区分を明確にしようとする、荘園整理令を含む後三条天皇の延久《えんきゅう》の新制で、これ以来王朝は度々の新制を発して土地をめぐる問題を整理し、荘園・公領の制度を軌道にのせていきます。それとともに王朝は境界的な人びとをその統制下に置こうと試み、神人・寄人の整理をおし進めていこうとします。

こうした人たちは最も統御しにくい集団なのですが、これをともあれ制度の中に組織しようと試みるわけです。その中で一般的に寄人といわれていた天皇の直属民については供御人《くごにん》という称号が用いられるようになりますし、上下の賀茂神社の神人は供《く》祭人《さいにん》、春日神社の神人は供菜人《くさいにん》など、それぞれの神社に属する神人・寄人の独特の称号も、はっきりしてきます。こうして十二世紀の中葉の保元《ほうげん》の新制を画期として神人・供御人制という制度が軌道にのっていく。土地に即した荘園公領制とともに、平民とは異なる神仏の直属民を組織した神人・供御人制が確立するわけで、これは王朝国家を支える二つの柱のひとつといってよいと思います。

それ以後、何度か新制が繰り返し発せられて、十三世紀の前半までには、この制度は、その形を整えていきます。ただこの制度は、東国についてはあまり機能せず、西国諸国に限定されています。東国では御家人制《ごけにんせい》が確立していて、この制度はそこには及ばなかったと思われます。一方、勧進上人のように既成の教団から離れた、遁世《とんせい》して仏に直属する僧となった人びとについても、その組織化がすすんでいきます。その一つが鎌倉新仏教の教団の形成だと思いますが、大寺院の中にも勧進方、あるいは大勧進職のような組織が設けられ、そこに勧進上人を編入し組織化していく。このようにしてさまざまな職能民、境に生きる人びとが神仏、天皇の直属民という地位、身分を国家的に保証されることになったわけです。

聖なるものの「奴隷」

神仏の世界と人間世界、聖と俗の境界的な場で、それ自体境界的な活動をしているという事実を背景に、こういう職能民たちが、このような制度の下に組織されたことは最初に述べた通りですが、こうした人びとは先ほど述べましたように、「神奴」「寺奴」と人からも呼ばれ、また自分でも言っております。いわば、この人びとは聖なるものの「奴隷」といってよいと思います。こういう存在は、日本だけではなくインカ帝国には神に直属するヤナコーナという男たち、日本の采女《うねめ》に相当するといってもよいアクリヤという、神聖王—インカに直属する女性がおります。今までこうした人びとを世俗の奴隷と同じようにとらえてきたと思いますが、どうもそれではこうした人たちのあり方はとらえられないのではないかと思います。

このような神の「奴隷」は、むしろ聖別された人びととして、一般の平民とは厳密に区別された存在であり、時としてさまざまな特権を持つこともあったととらえる必要があるようです。日本の神人、供御人の場合も、まさしく同じといえると思います。たとえば、神人の在家《ざいけ》は平民の在家とは、交ってはならないとされており、実際、荘園・公領の検注《けんちゅう》を通して神人の在家と平民の在家ははっきりと制度的に区別されていきます。また、これらの人びとの名簿—神人交名《きょうみょう》、供御人交名が作られて、定員が定められ、これが朝廷に注進され、国衙《こくが》もそれを保持しております。つまり、この定員以上には、神人・供御人の数を増やさないという枠を王朝はきめているわけです。このように十一世紀中葉から、十三世紀前半にかけて、境界的な人びとは、王朝の制度の中に、神人・供御人身分として公的、法的な位置付けを、明確に与えられております。

平民と異なる神仏の直属民ですから、在家役《ざいけやく》のような平民の課役は免除される。供御人・神人の在家は免在家で、時には給免田畠《きゅうめんでんばく》——年貢を免除された田畠を与えられ、関・渡・津・泊での交通税も免除され、自由な通行権を保証されております。その衣装、スタイルも、黄衣をつけ、榊などを持っており、神人は衣装、持ち物についても一般平民とは異なる姿をしております。神人の場合には、黄衣が広くみられますが、勧進聖の場合は黒衣ですし、一遍《いっぺん》の弟子である時衆《じしゅ》は縄文時代以来の衣服といわれる粗末な編衣《あみぎぬ》を着て、特徴的な持ち物をもっています。さらに神物・仏物に関わる桶《おけ》や柄杓《ひしゃく》、棒や杖を持っております。

こうした神人や供御人に手をかけ、傷害を与えることは大変きびしい神罰・仏罰をもって報いられると考えられておりました。これまでは、神の「奴婢《ぬひ》」といわれているので、こうした人びとを奴隷的地位にある隷属性の強い人と考えがちだったのですが、決してそんなことはありません。鎌倉殿御家人とまちがえられるような神人がいたことからみても、それは明らかです。

たとえば越前の気比《けひ》神社の神人で日吉《ひえ》神人をかねた中原政康という人が御家人の課役である大番役《おおばんやく》(宮廷の警護役)を賦課されたとき、自分は神人であって、今まで武芸を通じて奉仕したことは先祖代々ないと言って、大番役を拒否している事実が、鎌倉初期にあります。これは逆に言えば神人が鎌倉殿御家人に相当するような人であったことを示していますし、神人の中には低い官位でありますけれども官位を持つ人がいたことも知られております。もちろん荘園・公領の百姓名の名主クラス、つまり平民の上層クラスにあたるような神人もおりますが、決して奴隷、下人・所従《しょじゅう》のような人ではなかったのです。このように神人・供御人は、神仏、天皇のような聖なる存在に自らの芸能を通して奉仕する。つまりその芸能によって最初に得られたもの、交易による最初の利益などを上分、初尾として聖なるものに捧げることによって、自らの聖別された立場を保障された人びとだったことになります。

職能集団の形成

神人・供御人・寄人になった人たちは基本的に職能民であったといってよいと思いますが、その職能は多様です。神に仕える巫女などの呪術的宗教民、さまざまな商工業者、あるいは狭い意味での芸能民のおもだったものがこの身分になり、その人びとを中心に、職能集団が形成されているとみることができます。農産物の生産に従事している人ももちろんいますが、神人・供御人の資格に即してみれば、農産物、米や野菜などの交易に携わっているのだと思います。

また祇園社に所属して犬神人《いぬじにん》と呼ばれ、延暦寺の西塔釈迦堂の寄人という称号を与えられている清水坂《きよみずざか》の非人、興福寺、春日社に属し、その寄人であったとみられる北山宿の非人も、やはり神仏の直属民です。たしかに「犬」という言葉がつけられている点に他の神人との区別もみられますが、しかし私は、非人も神人・寄人となっている以上、神人・供御人制の中で公的な職能民としての身分を与えられていたと考えてよいと思います。

丹生谷哲一《にうのやてついち》さんが『検非違使《けびいし》』（平凡社）という大変興味深い本を出され、その中で詳しく明らかにされているように、洛中《らくちゅう》の非人は神仏に直属するとともに、天皇の直属官庁である検非違使庁の管轄下におかれており、王権の直属民となっている。ですから、神人や山僧が大寺社の武力となったのと同様に、一部の供御人をはじめ、このような非人は、天皇家直属の武力となっている。これは実際、史実として確認できる事であります。さらに丹生谷さんは、猿楽の場合も法成寺・法勝寺などに属するとともに検非違使に統轄されており、非人と類似する立場に立っていると指摘しておられます。

また遊女、白拍子《しらびょうし》については後藤紀彦さんが、週刊朝日百科『日本の歴史』の『遊女・傀儡《くぐつ》・白拍子』の中で、非常に詳しくその実態を明らかにしておられますが、鎌倉期以前の遊女・傀儡・白拍子は「公庭《こうてい》」、つまり朝廷に属するものであると、はっきり記録に出てくるのです。おそらく朝廷の内教坊《ないきょうぼう》・雅楽寮《うたのりょう》などの官司に統轄され、当時の大阪湾の津泊である江口や神崎《かんざき》などを根拠にしていた遊女たちは、番を結んで（順番を決めて）朝廷のさまざまの儀式、たとえば五節《ごせち》の舞の舞姫の下仕《しもづかえ》などに呼び出されていたと思われます。これも記録に何度も出てくることです。後藤さんは遊女・白拍子たちは座的な組織を持つ供御人や神人と同様の集団であったと指摘していますが、私も全くその通りだと思います。

実際、遊女や白拍子を母としていることは当時の公家、武家の社会においては、その社会的地位に全く影響を及ぼしておりません。たとえば、従一位太政大臣の徳大寺実基の母親は舞女《まいひめ》なのです。いわば公家の最高の地位にそういう出生の人がなっているので、同様の事例はほかにいくらでもみつけることができます。もちろん遊女は天皇の子供も産み、「局《つぼね》」をなのる女房にもなっている。この当時の遊女の地位が、決して低いものではなかったのは確実であると私は考えます。ですから必ずしも神人・供御人・寄人の称号を持たなくても、猿楽や遊女なども、これと同じ立場に立っていたとしてよいと思います。

このような神人・供御人制は、中世の終りまで制度としての形は続いております。しかし、本当に実体を持っていたのは南北朝期まではないかと私は考えています。なぜならばこういう制度が形成されたということの背景には、芸能、商業、金融、技術そのものが境界的な性格を持つ行為とされ、こうした行為に携わる人びとが、境界に生きる人びと、神仏と人間、聖と俗の境の人びとと考えられていたという社会的な状況、自然と人間の関わり方があったとみなくてはなりません。

勧進が名目の貿易

もうひとつ、これにつけ加えますと、貿易も、鎌倉時代には、必ず、勧進という名目で行われています。鎌倉時代、日本列島から中国に派遣された「唐船《からぶね》」はかなりの数にのぼりますが、必ず神仏と関わりを持つ行為、寺社の造営などと結びつけ、その勧進のためという名目で派遣されています。最近、海底から発掘された新安沈没船《しんあんちんぼつせん》――朝鮮半島の西南岸から引き上げられた十四世紀前半の沈没船の場合も同様で、この船は中国風の堂々たる船ですが、この船の中からおどろくべき大量な中国の青磁・白磁の完形品や銭などとともに、大量の木簡が発見されています。その木簡によって見ますと、この船は、造東福寺《ぞうとうふくじ》唐船といえると思われます。東福寺への「公物《くもつ》」を積んでいるのですが、勧進聖道仙をはじめ、日本名を持った多くの人びとが乗船していたことも明らかなのです。

この船が、どこで造られた「唐船」なのかについては議論がありますが、鎌倉末期、九州で渡唐船が造られた事実を「金沢文庫文書」によって確認できるのです。「唐船」というと、中国船と考えがちですが、「唐様」「唐風」と同じように、中国風の船を日本列島で造っても「唐船」と呼んだのではないかと思います。造建長寺唐船、造称名寺唐船など、そういう唐船が日本列島から活発に中国に発遣されているのですが、いずれも、そこには、禅僧あるいは律僧の勧進聖が乗船している。つまり、貿易という

寧波船　『異国船絵巻（唐船図巻）』（松浦史料博物館蔵）

行為も、そこから得られる収益を神物、仏物とすることを、前提として行われているわけです。

　勧進によって造られるものは、本来、神物・仏物なのですが、寺院や神社、橋や港などは、この時代、勧進によってしか造りえないという一面があるのではないかと思うのです。とすれば、貿易という行為そのものも、境界的行為と考えられていたといえますし、逆に中国大陸から、海を越えて渡来した唐人や高麗人も、王朝の制度の中では、やはり神人として扱われているのです。『日本中世の民衆像』（岩波新書）で唐人の櫛売《くしうり》、薬売を紹介したことがありますが、少し時代は降《くだ》りますけれども、室町時代には飴売《あめうり》の唐人が綸旨《りんじ》（蔵人《くろうど》などが天皇の命を奉じた文書）を与えられ、自由通行権を保証されている事例も確認できます。こういう人びとは、やはり境界的な人びととして、神、天皇の直属民という扱いを受けているのです。

東国と西国の違い

ただ先ほどもふれましたが、神人・供御人制に関わる重要な問題は、東国において、この制度が機能していたかどうかということで、私は東国では神人・供御人制はほとんど機能しなかったのではないかと考えております。神人・供御人と実態の近い御家人についてみると、東国御家人の場合には将軍に直接見参《げざん》に入って、御家人になりますが、西国御家人は、国ごとに守護によって御家人交名《きょうみょう》が作られて幕府に注進され、御家人となることがきまっています。この方式が、先ほどの神人交名を前提にした幕府の制度であることは間違いのないことだと思います。もちろん交名に載せられた御家人は神人のような聖別された存在ではなく、俗的な主従関係を将軍との間に結んだのですが、逆に東国で、神人交名が果してつくられたかという問題がでてきます。

もちろん東国に神人がいなかったわけではありません。鶴岡八幡宮には、黄衣の神人さらに犬神人の存在を確認できますし、三島社や諏訪社、香取社などに神人がいたことも推測できるのですが、東国で御家人交名が作られなかったのと同様に、神人交名は東国では作られなかったのではないかと思います。実際、東国にも神人はいますが、それが特権を保証された職能民であることを確認できる事例は、鶴岡八幡宮をのぞいて今のところないといってよいのです。また伊豆山に属して、自由に海上を通行できる特権を頼朝以来保障されたという五十艘《そう》の走湯山《そうとうざん》五堂灯油料船があったり、伊豆の三島社に供祭をたてまつる船があったことはわかりますが、船が単位になってい て、神人集団の形になっていないのです。神船ということはできますが、神人とはいわれておりません。

また遊女についても頼朝が遊君《ゆうくん》別当を任命して統轄させており、将軍の贄殿《にえどの》に「御《ご》菜《さい》」を献げる海民が東京湾にいたこともわかりますし、道々の細工《さいく》などの職能民もいるのですが、この人びとのとらえ方も「所従」というふうに俗的な主従関係によっているようにみえるのです。もちろん神官としての神人は見られますが、それが職能民であったかどうかは疑問なのです。非人についても、今あげました鶴岡八幡宮の犬神人、鎌倉の極楽寺や悲田院《ひでんいん》につながる非人集団がいたことは間違いありませんが、鎌倉をのぞきますと、今のところ東国非人の史料は有名な越後国奥山荘と荒川保との相《そう》論《ろん》に関連して出てくる「蓮妙非人所」のみなのです。

東国には中世史料が少ないので、これによって軽々しくは断定はできないのですが、職能民、境界的な人びとの扱い方が、東日本と西日本、東国と西国ではかなり違っていたことは確実といわざるをえません。これは今後の大きな問題になりうることで、古代以来、自然とのなお未開な関わり方をその基礎に持ちながら成立した王朝国家と、戦闘そのものの中から生まれた戦士的な王権である鎌倉幕府との違いもそこに考えなくてはなりませんし、それが宗教の問題とどのように関連してくるかも大きな問題です。禅宗、律宗はもとより、真宗も日蓮宗《にちれんしゅう》もその発祥に当ってはみな東国に関わっていることも、おそらくこの問題に関係していると思われますので、こうした視点から宗教のあり方の細部にまで立ち入って考えてみることは意味があるのではないかと私は考えております。

「資本主義」の源流

さて中世の後期、室町期以降になりますと、中世前期までと比べて自然と人間の関係が大きく変ってくる。それにともなって当然ながら、商業、金融、貿易、技術のあり方、とらえ方も大きく変ってまいります。これまでこれらの行為は境界的ととらえられていたのですが、それが銭によって換算された目に見えるもの、あるいは数字や文字で表現できるものになってくる。神仏の影がうすくなってきます。

かつて、私が、「無縁」と表現したことについて、中沢新一さんが、これは「資本主義」ではないかといったことがありますが、そう言われれば、商業、金融、技術、そして貨幣も「無縁」ということになるので、確かにこれはやがて資本主義として展開していく諸活動、諸要素であります。このことは逆に今まで資本主義の発達として経済学の分野からだけとらえられていた社会の動きを、もう一度、このように自然と人間の関係、宗教の問題の中で、根源に遡ってとらえ返してみる必要のあることを教えている、と私は考えます。

それはともかく、商工業者や金融業者は、貨幣流通の発展、活発化に伴って、その活動は著しく発展していきます。おのずと鎌倉後期ごろから新しく神人、供御人になろうとする人びとが急増してくるので、王朝はそれを懸命に統制しようとして、たびたび新制を出すのですが、それだけではなくて、仏教の方でも、禅僧・律僧をはじめ、上人、聖などといわれる人びとの活動も、単に宗教的な活動だけではなく、金融、商業、交通、技術、芸能にまで及ぶ広い範囲に及んで非常に活発になり、これがまた、鎌倉後期の大問題になってくる。いわば、神人・供御人制の枠をやぶる動きが鎌倉後期から澎湃《ほうはい》とおこってくるのです。

非人とも関わる「悪党《あくとう》」の動きもその一つにほかなりません。この動きを頭から実力によって禁圧し、たとえば『天狗草紙《てんぐのそうし》』（十三世紀末成立。筆者不詳）や藤原有房の『野守鏡《のもりのかがみ》』にみられるように罵倒《ばとう》と憎悪をもって対処する動きがあったことは、よくご承知の通りだと思います。にもかかわらず、これまで境界的といってきた人びとの動きは抑え難くひろがり活発になってきます。その中で王朝側も、鎌倉幕府も、これを禁圧するだけでなく、新しい方式で統御をしようと試みはじめます。

王朝側では、亀山・伏見・後宇多など、それぞれに努力していますが、最も積極的かつ大胆にこの動きを組織しようとしたのは後醍醐《ごだいご》天皇であったと私は思います。後醍醐はすべての神人、つまり商工業者や金融業者などの職能民を天皇の直轄下に置こうとしました。全神人の供御人化を意図していたと思われます。これに対抗して鎌倉幕府も西国の神人交名を、きちんと注進させ、自らそれを掌握しようとしはじめているのです。禅律僧や日蓮宗、浄土真宗など、新しい仏教、僧侶たちの動きについても同様です。後醍醐、あるいは花園天皇が、禅律僧を身辺に積極的に招いていたことはよく知られていますし、北条氏が律僧の力に積極的に依拠して海外貿易に積極的に乗り出そうとしていること、禅僧を招いて禅宗に保護を加えていること等々、積極的に動いていることもよく知られております。

ところがその方式がなかなか成功しないうちに、まさしく境界的な人びとである悪党・海賊、職能民や非人をふくむこれらの人びとの爆発的な動きの中で、まず鎌倉幕府が後醍醐によって倒され、その後醍醐の建武新政府も二、三年後に崩壊し、南北朝の動乱が六十年にわたって続くということになっていくわけです。

神仏の権威の低落

この動乱は、やはり社会に決定的な転換をもたらしたと私は考えております。そこですべてが全く変ったわけではありませんが、この動乱を境にして、天皇は権力をほとんど失い、その権威も大きく低落することは間違いありません。それとともに中世前期までの神仏の権威、南都北嶺や大きな神社の権威も、この動乱を境にその低落は著しいものになってくる。その実力の低下はおおい難いものがあるといってよいと思います。後醍醐天皇が実行しようとして延暦寺、興福寺等の抵抗で実行できなかった京都の酒屋に対する全面的課税を、南北朝の動乱後、足利義満は断行してこれを貫徹しえています。この事実が南都北嶺の力の低落ぶりをよく物語っているといってよいと思いますが、これはそれまで職能民、境界的な人びとの依存していた権威そのものの低落ということになるので、このことが、室町期以後の商工民、芸能民、先ほどのような聖、上人などの僧侶のあり方にも、甚大な影響を及ぼしていったことは疑いがないことだと思います。

もちろん、神人・供御人制はまだ崩れてはおりません。供御人や神人の称号を、商工民は捨ててはおりませんし、神仏の権威をなおふりかざす場合もありますが、かつてのようにこうした権威に従っていただけでは、どうしようもなくなってくるので、その特権を俗権力に認めさせて確保する努力をしたり、それぞれ、自治的な組織を発展させて自力でそれを維持しようとする。これらの人びとはこのころ都市の住民になりますが、その中で、自治的な組織を発展させていくので、そういう活発な動きが、室町時代以後に起こってくることもよくご承知の通りです。

芸能民の中にも、一部は世阿弥《ぜあみ》のように寺社や幕府との関係を保ちながら、広く公衆を対象とした芸をみがき、社会的な地位を保った能役者のような場合もありましたが、なんといっても商工業者・金融業者のように富の力によって社会的地位を確保できた人びととはちがって、呪術的な宗教民、芸能民、とくに遊女・傀儡さらに非人のように、聖俗の境界にいると見られていた人びとの場合、この転換が賤視の方向に向かっての大きな転換になっていったことも事実といわざるをえません。かつての「聖別」が、ここで賤視の方向に向かっての差別になっていったことは間違いないのではないかと思います。

それが、江戸幕府によって制度として固定されていくことになりますが、このような転換は西洋史の分野で阿部謹也さんが強調しておられることとかなり近いのではないかと思います。阿部さんは、ヨーロッパの中世人は早い時期には人間の力の及ばない恐ろしい畏怖すべき世界としての大宇宙―これは私がさきほど「無所有」の自然、人の力の及ばない聖なる世界といったことにつながると思いますが、そういうマクロコスモスと、人間の力の及ぶ生活の営まれている小さな宇宙―ミクロコスモス、この二つの宇宙を持っていた。ところが、ヨーロッパにおいてはキリスト教が、この二つの宇宙を一つの宇宙に統合してしまった。つまり、すべては神によって造られる、宇宙のあらゆる現象は唯一神に帰するという思想がキリスト教の浸透とともに社会に浸透していった結果、この二つの宇宙は一つに統合される。その経緯の中で、かつて大宇宙と小宇宙の間を媒介していた人びと、まさしく境界的な人びとの地位が大きく転落して、多くの人びとが賤民に転落していくのだという構図で、阿部さんはヨーロッパの中世社会における大きな転換をとらえようとされています。

阿部さんはそれを贈与互酬《ぞうよごしゅう》の世界から貨幣流通の世界への転換としてとらえておられるのですが、この考え方を私は大変面白く、また本質をついている見方だと思っております。ただ問題は、日本の中世前期までの世界から、南北朝動乱を契機とする中世後期以降への社会の転換は、この西欧社会の転換にほぼ比較しうるといってよいにもかかわらず、日本の場合には、キリスト教のような宗教がこの転換に決定的な作用を及ぼしているとは考え難いという点です。つまりこのような社会の転換をおこす根源は、阿部さんが贈与互酬から貨幣流通へという社会的な動きに即して指摘されている通り、社会そのもののあり方、人間と自然との関係の大きな転換にあるということができると思うのです。日本の社会でも、ヨーロッパの社会でも、このときそうした人間と自然との関わり方の大きな転換があった点で共通している。その上でこの両者を比較してみる必要があるのではないかと私は考えております。

またこのような転換を経験した民族がほかにあるのかどうかも大きな問題で、ごく最近、このような転換を経験し、あるいはさせられつつある民族もありうると思いますので、そのようなことも考えてみる必要がある。南米のインカの場合、スペイン人によって征服された時点でこのような転換を劇的に強いられたのだと思いますが、そういう観点での比較を、ひろくイスラム社会、中国、朝鮮の社会等々に即して行ってみることによって、新しい人類史を構想する道がひらけてくるのではないかと思います。

宗教と資本主義

その点で日本の社会について考えてみますと、確かにキリスト教に相当する宗教が、先ほどふれた仏教の諸宗派、禅宗、律宗、真宗、時宗、日蓮宗等々がこの転換に大きな作用を及ぼしており、これらの宗教は、それぞれに、戦国期、その方向を模索していたと考えられます。一向一揆《いっき》の場合にそれが最も強力な形で表面化したのだと思いますし、十六世紀にヨーロッパから入ってきたキリスト教も同様な役割を果そうとしているという思いますが、そういう宗教が、すべて俗権力によって徹底的に鎮圧され、大流血ののちに力を失う、あるいは俗権力に組織されていくことになっていくわけです。もちろん社会のごく一部に、戦国期の宗教のなごりが残ってはいますけれども、江戸時代には大きな社会的な力を持ちえていない。いわば「宗教のない」状況が日本の社会の場合に現われてくるのです。

これは一体なぜなのか。この問題は、やはり単に宗教の問題にとどまるだけでなく、先ほどいいましたような、かつての境界的な行為、金融、商業、技術、貿易のような活動にも関わってくるのです。ヨーロッパの場合には、キリスト教がこのような行為に新しい聖なる位置付けを与えているように思えるのです。マックス・ウェーバーの『プロテスタンティズムの倫理と資本主義の精神』はまさしくそのことを問題にしているのだと思いますが、西欧では新しい宗教によって、資本主義がある位置付けを与えられているわけです。

ところが日本の場合、こういう行為は室町期以降、ふつうは世俗的な経済行為という理解の仕方をされており、鎌倉期以前の聖なるもの、マジカルな意味を持った神仏とは異なる、何らかの新しい聖なるもの、新たな宗教や思想によって、そういう行為の持つ意味に位置付けを与えることは、日本の社会の場合、積極的には行われていないように思われます。もちろん鎌倉新仏教の思想の中にそうしたことを考える余地は十分にあり、江戸後期には、商業行為の正当性を説く心学《しんがく》など、いろいろな思想がでてきますが、これは宗教とはやや異なると思います。またこのことは非人、あるいは遊女に対する差別が、江戸幕府によって、ついに固定化されるにいたったこととも関わりがあるし、商人や手工業者、芸能民の位置付けが日本の社会の中では決して高いとはいえないということとも大いに関係のあることだと思います。

よく私は「後醍醐が負けたから、非人が差別されるようになった」といいたいのかというご批判を受けます。しかし天皇、神仏の力が弱くなったことと、非人の差別の固定化とが、表裏をなしていることは事実なのです。つまり天皇の権威の低落のあと、それにかわる聖なる権威、宗教が現われようとしながら、社会的にその権威を確立しえなかったことが、非人あるいは遊女に対する差別の固定化と深くむすびついているのだと思います。このことの意味を、われわれはよく考えてみる必要がある。天皇と被差別部落の問題はわれわれ自身の、まさしく普通の庶民によって構成されている日本の社会が生み出した現象である以上、この問題をわれわれ自身もう一度深く問い直してみる必要があると思うのです。

なぜ、日本の社会に宗教がないのかという問題は、現代にも大きな意味を持つ、解決すべき問題だと思います。私は無神論者なので、宗教によってのみこの問題が解決されるとは考えておりませんが、しかし、日本の社会に宗教がないということが、現在の日本の社会にさまざまの形で「小さな宗教」が現われていることと関係があることは間違いありません。無秩序極まる猛烈な自然の開発も、この問題と決して無関係ではありません。

このごろ私はあちこちで申し上げているのですが、人類の青年時代は、もはや過去のものになりつつある。人間が人間を滅ぼし得る力を、自然の中から自らの力でつかみとってしまった現段階は、自然と人間の関わりをさらにまた大きく変化させたといわざるをえない。人類はいまや壮年時代に入ったといわなくてはならないと思うのです。それならそれなりの勇気と智慧《ちえ》を持って、これからの社会の問題を考えていく必要があると思います。

その時に、人間にはどうしようもない力を、聖なるものととらえていた古代人のあり方からも学ばなくてはならない。人間は自然を新しく知り、その力を開発していく。これは人間の本質ですが、同時に有限の存在である人間が、自然のすべてを知りつくすことができないということもまた、一方の現実であります。そういう人間の力を超えた自然の力について、われわれが認識を深めることと、宗教の問題は深い関わりがあると思います。人間の前進は引き返すことはできない。しかし前に進んで行く時に、これまで人間が何を切り捨ててきたか、前進の中で何を見失ってきたかを絶えず注意深く見つめながら、先へ進んでいかなくてはいけないと思うのです。

ここで境界的な人びとと宗教との関係としてお話ししてきたことは、日本の社会の独特な問題をその中にふくんでおり、まだ考えなくてはならない問題がそこにはたくさん残っていると思います。

中世の商業と金融 「資本主義」の源流

百姓の虚像と実像

稲作の行われるようになった弥生時代から、少なくとも江戸時代まで、日本列島の社会が基本的に周囲から孤立した島国の中におかれた農業社会であり、その前提の上に明治以後の近代化、産業化が進行したとする見方は、いまなお経済史の常識として生きつづけているといっても、決して言い過ぎではあるまい。

しかしこれは、島が海によって他地域から隔てられる一面のみに目を注ぎ、また人口の圧倒的多数を占める「百姓」が、すべて農民であるという全く根拠のない思いこみの上につくり上げられた、架空の虚像である。列島の社会は、縄文時代はもとより、稲作が伝わってからも、山野河海を舞台とする生業、さらには商工業、金融業、海運業等の非農業的な生業の比重がかなり大きい社会であり、海を通じてアジア大陸をはじめ広い世界と結びついた社会だったと考えなくてはならない(1)。

中世社会もそうした社会であったが、これまでのさきのような枠組の中での見方では、それを支えた荘園公領制は田畠《でんぱく》を基盤とした自給自足の体制だったとされており、十三世紀後半に中国大陸から銭《ぜに》が流入し、広く流通するようになって、はじめてそれが多少とも崩れたと見るのが、牢固たる通説であったといってよい。そしてこうした荘園・公領の百姓＝農民は、館《たち》に根拠を持ち、自らの下人《げにん》―奴隷・農奴を駆使して直営地を経営し、武力を持つ在地領主―封建領主の支配下に置かれ、年貢・公事《くうじ》等の「地代」を収取されていたとされ、さまざまな議論はあっても、中世は基本的に農業社会を基盤とした封建社会とするのがふつうであった。

それ故、商業・金融、さらにアジア大陸との貿易などによる交流も、結局のところ、中世社会では支配層―社会の表層において問題になるにすぎず、真にそれが社会をとらえはじめるのはようやく十四世紀以後、さらに降《くだ》って江戸時代後期とすら考えられていたといってよかろう。

しかし先述したような「孤立した島国」、「百姓＝農民」というドグマをはなれ、虚心に史料を読み直してみると、このような自給自足の農業を基盤とする封建社会のイメージとは、全く異なる社会の実像が浮び上がってくる。

米・絹・布も貨幣

ふつう貨幣経済の発達は、前述したように、銭の流通する十三世紀後半以降とされてきたが、これは銭貨のみを貨幣とする思いこみにとらわれてきたことからくる誤りといわなくてはなるまい。

栄原永遠男《さかえはらとわお》の指摘するように、(2) 銅銭の鋳造される八世紀初頭以前から、穎稲《えいとう》（稲穂のこと）と布・絹は交換・支払手段、価値尺度ともなる貨幣の機能を果しており、とくに穎稲は利息付きの貸付けである出挙《すいこ》の元本《がんぽん》として資本の役割を果していた。注意すべきは、米や布・絹が神に献《ささ》げられる聖なる物としての特質を持っていたと考えられる点で、ここには貨幣の発生、本質に関わる問題があるといえよう。少なくとも特定の物品が貨幣として機能するためには、世俗の世界との縁が切れていなくてはならなかったのである。(3)

当時、銅銭は畿内とその周辺に流通したにとどまったが、その他の地域、さらに銅銭の鋳造されなくなる十世紀以後の社会においても、やはり米と布・絹が交換・支払手段として用いられ、准米《じゅんまい》、准布《じゅんぶ》、准絹《じゅんけん》として価値尺度とされており、その流通もかなり活発だったと考えられる。(4)

とくに十世紀後半以降、受領《ずりょう》（諸国の長官）による徴税、租税納入の請負体制を基本とする国制が軌道にのり、諸国から梶取《かんどり》、綱丁《ごうてい》、問丸《といまる》などの輸送業者によって運ばれた貢納物が、京周辺の交通の要地に設定された倉庫―納所《なっしょ》に納入、保管されるようになると、各地域の倉庫との間での物資の移動、流通にも関連して、米や絹・布の貨幣としての機能はいっそう顕著になり、米に即しては十一世紀、すでに、「替米《かえまい》」という為替手形が用いられるようになっていることは、すでに指摘されている通りである。(5) もとより、さまざまな物資の調達、土地の購入などの支払、交換手段として、この時期には米と布・絹がさかんに用いられているが、鉄、金、塩、牛、馬などもそうした機能を多少とも果していたと見ることができる。

十二世紀までに荘園・公領の年貢として確定していく物品は、みなそのような役割を持ちうるものとして貢納されたと考えられるが、その点から推測すると、おそくともそのころには東国の絹・布、西国の米という貨幣そのものの地域差が実態として定まってきたということができよう。(6) 伊勢・尾張・美濃以東の東国諸国の荘園・公領の年貢が、絹・布を主としている事実が、それをよく物語っている。(7)

信用経済の展開

このような状況の中で、交易、商業、海運は列島内だけでなく、中国大陸・朝鮮半島との交流を含めて非常に活発であり、商人・金融業者の緊密かつ広域的なネットワークも形成され、国家から自立した独自な活動を展開するようになった。十二世紀から十三世紀にかけて、とくに顕著であった神人《じにん》・山僧《さんそう》・山臥《やまぶし》などによる金融活動がそれで、日吉《ひえ》神人や山僧による「日吉上分物《じょうぶんもつ》」、熊野神人や山臥による「熊野御初尾物」

など、神仏に捧《ささ》げられる初穂《はつほ》として神物《しんもつ》・仏物《ぶつもつ》とされた米や銭を資本とし、これらの人びとは出挙利銭と呼ばれた金融をさかんに行うとともに、(8)神仏の権威と身につけた武力を背景に、公権力とは独自に裁判権を行使し、徴税の請負、執達《しったつ》、債権の取立てなどを実力で行ったのである。

その実状は、すでにしばしば言及されて周知の、保延《ほうえん》二年（一一三六）の明法博士連署勘文案（『壬生家文書』）で問題にされている、日吉大津神人による「日吉上分米」の受領や官人たちへの出挙の状況によってよく知ることができる。ここで神人たちが「証文」とした国土庁宣《こくしちょうぜん》などの徴税令書や、請文《うけふみ》、返抄《へんしょう》などは、さきの「替米」と同様、為替、手形の機能を持っていたのであり、十一、二世紀の社会にはすでに信用経済がそれなりに展開しつつあったのである。(9)

それを支える役割を果していた神人、山僧、山臥などのネットワークに対し、十二世紀後半から十三世紀前半にかけて、王朝はたびたび発した新制によって、その活動を抑制し、一定の枠内に抑えこむことにつとめ、神人・供御人《くごにん》制ともいうべき制度を、西国諸国についてはともあれ軌道にのせている。(10)

とはいえそれも、否応なしに発展していく商業・金融・海運等の動きの中で、まもなく乗りこえられてしまうが、この時期の商業・金融がその担い手、さらにそれを支える貨幣、資本それ自体をも含めて、神仏と結びつくことによってはじめて成り立ち得ているる点に注目しておく必要があろう。そしてこのことは商業・金融の本質にふれる問題を示していると見ることもできよう。

ただこのように考えてくると、同じ時期に神人・供御人制と並行して確立する荘園公領制を、農業中心の自給自足経済に基づくなどと考えることが、いかに的はずれの誤りであるかはたやすく推測することができるので、その点を荘園・公領の現地の実態に即して考えてみたいと思う。

海辺の百姓

前述したような商人、金融業者の活動は、決して荘園・公領の支配者の集住する京都や奈良など、政治の中心の世界のみに関わる動きではなく、また畿内などに限られた動向ではなかった。

なにより十三世紀に入ると、十一、二世紀に中国大陸から大量に流入した宋銭が社会に浸透し、絹・布を貨幣としていた東国の社会ではいち早くそれに代わって銭貨が流通するようになり、十三世紀前半には鎌倉幕府もそれを公認している。これに対し、西国では米の貨幣としての機能が根強く残り、十三世紀後半に入ってようやく銭貨が本格的に流通、浸透していくが、畿内の一部ではなお米が交換手段として使われつづけていたのである。(11)

そしてこうした十三世紀前半までの流通経済の広域的な展開が、各地域の荘園・公領の現地での多彩な生産とその産物の流通を基盤としていたことはいうまでもない。津《つ》、泊《とまり》、浦、島などの海辺の集落に、漁労、製塩、廻船交易に従事する海民が活動していたことはすでに周知のことで、あらためて繰り返すまでもないが、一、二の例をあげておけば、若狭湾の浦々の「海人」といわれた百姓たちは漁労と製塩を営む海民であり、こうした生業の産物、魚介や塩を船で交易している。とくにその中の有力者、刀禰《とね》などの地位にある人は、多烏浦《たがらすうら》の船徳勝《とくまさり》が諸国の津・泊の自由な通行の特権を北条時宗に認められていたように、廻船人として日本海を広く交易の舞台として活動していた。(12) このような廻船人であったと見られる常神浦《つねがみうら》の刀禰蓮昇が正和五年(一三一六)以前、息女乙王女《おとおうにょ》に米百五十石、銭七十貫文、大船一艘《そう》などを譲っているように、内陸の平地民よりもむしろこうした浦々の海民の手中に、その活発な交易を通じて米と銭が集積されていたのである。(13) これは十三世紀にまで十分に遡《さかのぼ》りうることであり、若狭のみの例外的な事態であったわけでは決してなく、広く海辺の集落に見られた事実といってよい。

瀬戸内海などの島嶼《とうしょ》の場合も同様で、塩を年貢とする荘園として著名な伊予国弓削《ゆげの》島《しま》荘の百姓たちは、別に詳述したように、(14) わずかな田畠を耕作してはいるが、製塩、漁労、海運などに従事する海民―「網人」であり、田畠からの年貢の分の米・麦は塩《しお》手米《てのよね》、塩手麦として百姓に渡され、それとの「交易」の形で塩が年貢として納められていた。自らが梶取となった船で、百姓たちは年貢塩を運んだだけでなく、商品として塩を交易していたことは確実で、正和三年（一三一四）、代官に追捕《ついぶ》された小百姓清左近が、「牛十疋・人五人・キヌ小袖幷家内具足等」を所持していたように、かなりの財物を蓄積する人も、十四世紀には現われている。こうした島が、「離れ島」で、交通不便な周囲から孤立した地であると見るのは、近代以後の状況を近世以前に推し及ぼした全くの誤りで、海上交通が交通体系の中軸であった江戸時代までの島は、多くの場合、交通の要地として早くから都市的な性格を色濃く持っていたと見ることができる。

山中・平地の百姓

海辺だけでなく、山の場合も同様で、やはり東寺領としてよく知られている丹波国大山荘の仁治《にんじ》二年（一二四一）五月の年貢注文（「東寺百合文書」や函）によると、その負担は米・麦だけでなく油・大豆・小豆、また苧《からむし》、布、さらに栗、漆、栃《とち》、柿、薯蕷《しょよ》（ヤマノイモ）、野老《ところ》、牛蒡《ごぼう》、荀若《こんにゃく》、土筆《つくし》、蕨《わらび》、胡桃《くるみ》、零暑子《ぬかご》、胡麻《ごま》、平茸《ひらたけ》、梨子《なし》のような山の幸、桶《おけ》、杓《しゃく》、呂子《ろし》、餅櫃《もちひつ》、折敷《おしき》、汲、続松などの木製品、それに差糸《さしいと》、薦《こも》などであり、「農村」などといってすましておくわけにはいかない多様な物品を生産していた。

この荘の百姓が山民的な特質を持っていたことは明らかであるが、十四世紀初頭、その隣荘宮田荘には、「銭貨・小袖及諸方質物」を悪党《あくとう》に盗み取られた「富裕百姓」や、誘拐されて米百石・銭二百貫文を要求されると直ちに銭を渡せるほどの財力を持つ加治大夫安貞のような人びとがおり、大山荘にも市庭《いちば》があって、その「住民」といわれる人もいたのである。この地が意外に都市的な性格を備えていたことは明らかで、「辺鄙《へんぴ》で貧しい山奥」などという常識はここには全く通用しない(15)。

同じように、備中《びっちゅう》の倉敷に流れこむ高梁川《たかはしがわ》を山深くまで遡った山奥の新見荘《にいみのしょう》の百姓たちの中に、製鉄民の集団があり、全荘の百姓が紙・漆を負担し、さらに大山荘と同じような山の幸を公事としていること、これと結びついて鍛冶《かじ》、鋳物師《いもじ》、番匠、檀紙《だんし》作《づくり》、轆轤師《ろくろし》、塗師《ぬし》などの工人がおり、高梁川の舟運《しゅううん》に携わり、荘の百姓たちの負担する水手米《かこまい》に支えられた舟人の集団が活発に活動していたことなどについては、別の機会にたびたび言及してきた通りである。そしてこの川の中洲《なかす》に立った市庭は、十四世紀に入るころまでに、制度的にも保頭《ほうとう》に統轄される二つの保(中世都市の行政単位)からなる都市として、公認されるほどになっていた(16)。海辺の津・泊はもとより、このような山の中にも、このころになると都市が出現しているので、日本列島には都市が文字通り簇生《そうせい》するようになっていたのである。このような事態を確認してみると、荘園・公領を農業中心の「自給自足」の世界などと考えることなど、全くの妄想に近いといわなくてはなるまい。

それは平野部の荘園に即してみても同様である。やはり著名な東寺領荘園の若狭国太良荘《たらのしょう》は北川右岸の出合いの谷にひろがる農業を中心とした荘園に見えるが、ここも自給自足などではなく、すでに早く十三世紀前半から百姓たちは市庭と関わり、多額な銭貨を所持し、十四世紀に入るころには細工《さいく》、笛吹《ふえふき》、巫女《みこ》を名のる百姓たちをはじめ、非農業的生業を主として営む百姓が少なからずいたことについては、別に詳述した通りである。(17)

また太良荘の百姓は雑物として糸・綿・上美布《じょうびふ》などを負担しているが、このような「上葉畠《うわばばた》」ともいわれた桑畠による養蚕は製糸、製綿、絹織物などの手工業を必須の作業としており、麻や苧の畠も布の生産と結びつき、さらに新見荘の場合のような漆の栽培も、やはり塗師、轆轤師などの漆器、木器生産と不可分の関係にあった。それ故、このような樹木の栽培は確かに畠地で行われているが、これを直ちに米・麦・大豆等の食料となる穀物の生産を支える田畠と同一視して、「農業」というわけにはいかないので、独自な用語で表現しておく必要がある。(18) そして、こうした絹、綿、布は否応なしに市庭で交易され、商品となったことも間違いない。

とすると前述したように、基本的に絹、綿、布を年貢とする東国諸国の百姓たちが、早くから市庭での交易に関わっていたのは当然で、この地域に銭貨が早く流通するのは、そうした事情を背景にしていたのである。

僧侶・山臥の代官

このように、海辺、山中、平地の百姓たちがみな決して直ちに「稲作農民」などとはいい難い多様な生業に従事し、それに支えられた多彩な生活をしていたとすれば、こうした人びとを支配する荘園・公領の荘官、地頭や預所《あずかりそ》の代官たちも、またそれなりの対応をしなくてはその立場を保持しえなかったのは当然であった。

これらの荘官・代官が現地に館《たち》を備えていたことはいうまでもないが、そこは農業経営の拠点と見るよりも、政所《まんどころ》として政庁の機能を持っていたと考えるべきで、代官自身の活動も十三世紀後半から十四世紀に入るころには、領主というよりも、徴税請負人として有能な経営者の風貌《ふうぼう》を持つようになっていた。

このような代官の活動については新見荘の建武元年（一三三四）の代官尊介《そんじ》の注進状（「東寺百合文書」ク函）に即して別に詳述した[19]ので、ここでは繰り返さないが、百姓たちと正月や神事、年貢の納め終った倉付《くらつけ》などのさいに、豆腐（唐布）、魚などを肴《さかな》として酒を飲み交し、収納した米、雑穀等は市庭で十分に相場—和市《わし》の高下を見定めて売却し[20]、収取した銭は額面十貫文の割符《さいふ》—為替手形にかえて、すでに貫別五十文の夫賃（送料、手数料）が定まっているほどに安定したルートで送進する[21]一方、国司の使の入部に当ってはこれを酒食で接待してそつなく送り出し、以上の収支をそれぞれ同額にした結解散用状《けちげさんようじょう》―決算書にまとめ、付属書類を付けて、これらを寺に送る。

これが代官の毎年の業務であり、それをこなし切るためには、日常的に帳簿を作成、整備して集計、整理しうる計数能力はもとより、市庭での相場を誤らずに見きわめる情報収集力、為替手形を入手して送進するだけの経済力や交渉能力、百姓たちとの付き合いや外部の有力者の出入りに当っての接待を円滑に行いうるだけの外交能力を備えていなくてはならなかった。

十世紀後半以降の国制の転換、受領請負体制の形成にともない、このような力量が社会の中に蓄積されてきたのであるが、ここまでくると、それは一層、明確なものになっており、交通、流通経済の著しい深化発展をそのことからもうかがうことができる。

当然、この業務にはそれなりの得分が約束されており、尊介も米十石、大豆四石、粟《あわ》・蕎麦《そば》各三石を保証されていたが、なかには、さきの弓削島荘の代官弁房承誉が元《げん》亨《こう》四年（一三二四）、塩の値の安い伊予の道後に百姓たちの船を借り付けさせ、塩を買い積ませて京都へ送り、島の百姓たちから年貢として納めさせた塩を高値で売ってその差額を収取した[22]ように、各地の相場の高下を見定めた価格差を利用して利益を得る代官も現われた。

このように、この時期の代官は武力を保持する領主としての側面よりも、むしろ商人・金融業者的、経営者的な側面を色濃く持っていたのであり、実際、さきの弓削島荘の弁房承誉、新見荘の尊尓、明了など、みな僧侶であった。また太良荘においても、荘を「借上」げた石見房覚秀をはじめ、十五世紀にかけて、教美＝禅朝、但馬房朝禅（朝賢）、下野房禅慶などの熊野の山臥が代官になっており[23]、そのあとに相国寺の禅僧でのちに都聞《つぶん》（禅宗寺院の僧職名のひとつ。都寺《つうす》の上）になった乾嘉が代官職を請負っている。

こうした十五世紀に入ってからの、荘園を請負った代官のあり方については、万里《までの》小路《こうじ》家領に即し、新田英治が綿密かつ明快に明らかにしている通り[24]、代官となりうる人は、未納能力—本所（荘園の所有者）の要求に応じて銭貨を融通しうるだけの経済力を持っていなくてはならなかった。事実、そこに確認されている代官たちは、守護につながる武士も見られるが、さきの乾嘉を含む相国寺などの都寺、都聞、監寺《かんす》等の地位にあり、「荘主《しょうす》」と総称された禅僧、羽田能登房承兼や正親町《おおぎまち》、鷹司高倉の土倉《どそう》、さらに寿阿のように阿弥号を名のる人などで、とくにこの時期の禅僧は、山臥とともに荘園の請負・経営に卓越した事務能力を身につけていたのである。

荘園経営の日常

応永八年（一四〇一）四月二十八日、備中国新見荘領家方《りょうけかた》所務職を、守護に押えられている三名三職と半済《はんぜい》分をのぞき、毎年、六十貫文を京済《きょうせい》（京都で納める）する条件で請負った新熊野の山臥、岩奈須助公宣深《いわなすすけのきみせんしん》もそうした人であった。(25)宣深は四条坊門町東の紙屋八郎二郎を請人《うけにん》に立て、(26)実際には同じ山臥の栗木宮内卿教賢(27)とともに現地に下って請負の業務を行った。紙屋が請人となったのは新見荘が前述したように紙の特産地であり、京にも現物で送られていたので、それを扱う便があったからであろう。これはこうした代官の選任のルートの一つを示しているが、宣深は守護についても工作の手がかりを持っていたようで、さきの半済分等の知行《ちぎょう》（土地の支配）回復をも請負ったのである。

しかし、前代官の新見二郎清直の代官山片氏がなお地下《じげ》（荘園の現地）を押え留めていたので、これを退去させるために時間がかかり、さらに地頭方を知行する西御所高橋殿の代官赤野氏が入部してきたのを引きとらせるためにも費用が必要になるなど、(28)紛争がたえず、宣深が教賢とともに現地で所務を行ったのは七月に入ってからのことで、宣深は尾崎、教賢は花房を代官として実務を行わせた。(29)

しかし宣深・教賢はこの年九月十八日、「地下錯乱」を理由に、得分のうち三分の一を渡す契約で、守護細川氏の被官安富因幡入道（水速入道）に所務に関わる協力—

合力を依頼[30]、さらに宣深の従父兄弟山戸木彦太郎の兄弟で、禅僧の梵忠から常楽院の仏物用途二十貫文を借用し、翌応永九年三月一日にはこれに加え、貫別六十文―六文子の利銭三十貫文を借りている[31]。

この間、宣深は寺家《じけ》（東寺供僧《ぐそう》）からの上使とともに新見二郎を退け、守護方の両使を現地に迎えてさきの半済分等の打ち渡しを得ているが、一方で宣深の運上のはかばかしくないのに業を煮やした東寺供僧は請人の八郎二郎にあらためて請文を出させ、現地に下って沙汰することを求め[32]、その結果、宣深が応永八年の五月・八月に進めた二十貫文に加え、十二月に五貫文、翌年二月に十五貫文が請人によって納入された。そして三月に入って宣深は上洛し、供僧たちの前に姿を現わしたのである。

六十貫文の読切の契約に対し、四十貫文しか納入されていない違約を追及する供僧に対し、宣深は去年の「大損亡」は「近国平均」のことで、「天下一同」であるだけでなく、前代官や西御所の代官を退去させるために費用がかかり、その上、百姓たちも損亡や前代官の借物に関連して逃散《ちょうさん》したなど、弁明につとめ[33]、三月六日の最勝光晩方供僧の評定は、一応、その事情を認めて十貫文を免除した[34]。

これに応じ宣深は三月十日、散用状を作成、起請文の形をとって供僧に提出してくるが[35]、そこには上使在荘の不用（現地支出）、守護方打渡両使料（荘園の現地を引き渡すため守護の派遣する二人の使の接待費）と雑用が六貫文かかり、すでに前代官が宣深の下る前に夏麦を三貫五百文分、収納しているので、供僧に納める分は五百文のみと記されていた。三月二十二日の評定で、この結解を認めず、五貫文の納入を求めた供僧は、四月十一日にその半分を直ちに進め、残りは六月中に弁ずるとの請文を取ることに決したのである[36]。

しかしそれがおそらくは果されないうちに、荘の所務職をさきの水速入道が所望し、その代官として甥《おい》の平岡氏が上洛してきた。平岡は宣深等が前年、三分の一の所務を水速に契約したことや、梵忠からも借用をしていることなど、供僧の知らない間に宣深の行った処置を供僧に知らせるとともに、「天下一同」の損亡などといっているが、じつは前年の所務は順調に行われていたことなどを告げ、それを証明する地下の帳簿等を提出してきた[37]。

供僧たちは七月五日の評定で、このことをとりあげ、宣深を召し出して弁明を聞くこととし、七月十七日に再度、この問題をとりあげ、地下の安全のためにやむなく行った契約であるとの宣深の弁明を一応、諒承し、その処置を任せているが、このような代官職をめぐる動揺を見て、あちこちから宣深に代わって代官となることを所望する人が現われ、結局、供僧はこの年十一月に宣深を罷免、垪和弾正左衛門尉に宣深の請負額の倍額の百二十貫文で領家職を請負わせている[38]。

このような経過を通じて、当時の請負の実情、請負人のあり方をはじめ、所務職自体が担保となって借銭が行われたことなどを詳しく知りうるが、この場合、さらにふみこんで水速氏によって東寺に提出された所務の実際に関する文書によって、宣深の公式の発言と、その荘を知行していたころの実態との著しい違いを知りうることは、まことに稀有《けう》の興味深い事例ということができる。

なかでも応永八年七月四日に書きはじめられ、翌年二月三日までの現地での日々の銭の支出を記した帳簿（領家方銭所下帳[39]）はきわめて貴重な史料で、おそらく宣深の代官尾崎によって書かれたものであろうが、荘園の日常をこれによって詳しく知ることができるのである。

支出は、(1)日常の必要に応じた物品の購入、(2)荘の内外への使者に対する粮物《ろうもつ》（交通費）、(3)外部からの客人に対する引出物や贈答品、(4)周囲の有力者との交際のための酒宴に必要な酒・肴、(5)祭りのとき、あるいは外部から訪れる遍歴民への下行《げぎょう》（支払い）などに、おおよそ分類することができる。

(1)については、米、豆、塩、茶などの食品、御器、折敷、たらい、鼎《かなえ》、火箸、炭、紙などの什器、用具、それに(3)として染皮や靫《うつぼ》、弓等の武器を見出すことができる。また(4)は酒はもとより、肴として鯛、小魚、昆布、和布、大根、豆腐、素麵、兎、そして狸などが見られる。狸については、別に狸皮も購入されているので、明らかに肉を狸汁にでもしたのであろう。狂言の「隠狸《かくしだぬき》」によって、当時、実際に狸が「釣」られ、それが市で売買され、「狸汁」になったことを知りうるので、これは全く不自然なことではない。

豆腐もすでに建武元年（一三三四）の代官尊介の注進状によって、正月二日の酒宴のさいの肴として、大豆が「唐布《とうふ》料」として百姓に下行されている点から見て、十三世紀には百姓の食物になっていたと見られる。昆布も若狭では十四世紀には確実に市庭で売られているが、十五世紀初頭までに山陰から山を越えてか、瀬戸内海から高梁川を遡ったかは明らかでないが、北方地域からこの備中の山奥まで運ばれ、酒宴の肴とされていたのである。

(5)として、絵《え》解《とき》、千寿万歳、ありきぞめ、年男、大宮のとひむかへ、大宮御神楽などに、わずかながら支出されている。このような人びとが荘を訪れていることは興味深いが、「とひむかへ」は神仏への供物をさす意味の「とび」が正月に人に送る物、年玉のような物の意味になり、このような用例が生まれたものと思われる。[40]「ありきぞめ」はその年最初の使者であろうか。こうしたことを含め、この帳簿は当時の荘の現地の生活を如実に物語っており、興味は尽きない。

経営を円滑に行う能力

ただ、このように見てくると、このころの荘園で、じつに多くの酒宴が行われていたことが目をひくので、宣深、教賢自身が現地に入ったときをはじめ、宣深の代官―尾崎は宣深の従父兄弟山戸木、荘の公文の宮田、水速入道の代官平岡をはじめ、近辺の有力者と見られる湯川、大弐、二郎左衛門、三河、玉藻（女性の可能性がある）、吉良の代官などと酒盛をひらいている。とくに市庭で酒を買い、狸、小魚、豆腐、昆布などを買って酒宴をひらいていることに注目すべきで、前述したように、市庭がすでに都市になっていることを考えると、ここにはすでに接待、酒盛を行いうる場、現代流にいえば、料亭「のみ屋」があったのではないかと推測される。

こうした接待費は必要が認められれば、「国下用《くにげよう》」などとして年貢から必要経費として差引くことが認められるが、この年の宣深の代官の饗応はあまりにも度が過ぎているように思われる。

そしてそれだけでなく、このようにさかんに酒宴をひらき、前述した平岡氏の進めた他の文書によると、米、蕎麦、銭などが納められているにもかかわらず、宣深は供僧に対して「近国平均」「天下一同」の「大損亡」などと言って減免を要求しており、その表と裏の落差の大きさには驚かざるをえない。(41)

しかしこうした請負にはこのようなことの起こるのは不可避といってもよいので、代官だけでなく、たとえば正安四年（一三〇二）、律宗領になってからの若狭国太良荘の百姓たちが、立場の弱化した東寺供僧に対し、ほとんど連年、水損、風損、旱損《かんそん》、虫損などを言いたてて減免を求め、それを実現しているように、百姓たちの場合も全く同じであった。そしてこれは室町時代はもとより、江戸時代までも一貫しているといってよかろう。

また逆に、こうした宣深に対して、供僧はとくに糾弾することなく、代官職を交替させる処置をとっているが、請負人に対する荘園支配者の側も、結解散用状―決算書に対するきびしい監査や、宣深の場合のように現地の原簿に相当する文書を取り寄せて実状を調査するなどの方法で対処する一方、請負人を競合させることによって相互に牽制させ、請負額を引き上げるなどの対応をしていたのであり、十四世紀以降の荘園・公領の経営はこのような駆引きの中で行われたのである。

そこには無駄な経費を省いて、できるだけ多くの収入を得ることを追求する経済性の重視が見られる一方で、酒宴を含む接待や贈与《ぞうよ》・互酬《ごしゅう》による人間関係の円滑化により、百姓たちからの租税収入を順調にし、守護などの武力介入を回避して経営を維持しようとする志向とが共存していた。それ故、請負人には世俗と縁が切れた禅僧、山臥、上人などが最も適任とされていたのであり、たとえ俗人が代官となった場合にしても、そこに期待されたのは武力ではなく、経営を円滑に行う能力であったといってよかろう。そして寺院、神社、貴族たちの所領だけでなく、十五世紀の室町将軍家の御料所、守護の所領などについても、東国・西国・九州など、地域による差異はあったとはいえ、基本的にはさきの新見荘などのあり方と同じだったと見てよいと思われる。

こうした体制は、十三世紀以前とはもはや質的にも異なるといいうるほどの商工業、金融、海運―舟運の発達、信用経済の安定を支える流通のネットワークの緊密な展開、そして東南アジアにまで及ぶ中国大陸から北東アジアにいたる周辺地域との活発な交易、交流に支えられていた。いまはその一端にふれるにとどめるが、新見荘に即してみると、十四世紀には割符《さいふ》の額面は十貫文に固定し、「割符一ケ」「割符六、七」などと表現され、夫賃は一貫に付き百文がふつうになっているが、それを請取った東寺側の決算書を見ると「カイ銭取」（替銭取）という為替手形の現銭化のための交通費が日常の支出となっている。

そして新見の町からは、中国製の青白磁も発掘されており、この山奥の地も確実に中国大陸とつながっていたのである。そうした十五、六世紀のこの地の実態について、すでに田畠については多くの研究が積み重ねられているが、豊富な文書を駆使して、商業・金融、流通の実態を明らかにするのは今後の課題である。

二十一世紀への課題

以上に述べてきたような中世の社会のあり方、とくに十四世紀以降の体制に、いかなる歴史学的な、あるいは経済史的な規定を与えるかは、今後の大きな課題であるが、少なくともこれまで用いられてきた意味での「封建社会」の規定では到底、包摂し切れない実態を持っていることはまず間違いない。そこには商業、金融等の流通、信用経済を支える、いわゆる「市場原理」がある程度、貫徹していたことは明らかで、「資本主義」の源流はおそくとも十四世紀まで遡ってさぐってみる必要がある、と私は考えている。

しかしこうした実態を一面に持つ社会、商工業・金融のさらに深化、発展した社会と、十六世紀の動乱を通じて十七世紀に入り確立する武家による統一国家、その「農本主義」的な租税制度との関係を、さきのような表と裏の大きな違いまで十分に考慮に入れて明らかにすることは、今後の大きな課題である。

これまでのさまざまな思いこみを捨て、既成の概念にとらわれず史料の徹底的な読み直しを行うならば、中世はもとより、遡って古代から原始社会にいたる列島の社会と国家の関係を大きく見直しうるだけでなく、専制的な封建国家—幕藩体制、その下で全余剰労働を搾取され、「生きぬよう死なぬよう」に貧困を強いられた農村という従来の近世社会のイメージも、全く一変するであろうことは十分に予測することができる。

それはさらに明治以降の近代社会、敗戦後の改革そのもの、それを経た現代社会の実態の認識にまで及ぶことも確実である。このように考えると、二十一世紀に向かって、日本人が人類社会の中で真にいかなる役割を果すべきかを正確にとらえるためには、ここに述べてきた課題を達成し、日本人が誤りのない自己認識を持つことが必須の条件といわなくてはならない。人文・社会科学の研究に携わるものの負っている現代の課題はまことに大きく、また重い。息のある限り、その課題の端の端を微力ながら担って努力をつづけたいと思う。

(1) この点については拙著『日本論の視座』(小学館、一九九〇年〈小学館ライブラリー、一九九三年〉)、及び『日本社会再考』(小学館、一九九四年)、参照。
(2) 栄原永遠男『日本古代銭貨流通史の研究』塙書房、一九九三年。
(3) 拙稿「境界領域と国家」『日本の社会史』第2巻、岩波書店、一九八七年。
(4) 松延康隆「銭と貨幣の観念」『列島の文化史』6、日本エディタースクール出版部、一九八九年。
(5) 佐藤泰弘「一一世紀日本の国家財政・徴税と商業」『新しい歴史学のために』二〇九号、一九九三年、保立道久「切物と切銭」『三浦古文化』五三号、一九九三年。桜井英治『日本中世の経済構造』岩波書店、一九九六年。
(6) 拙稿「貨幣と資本」『岩波講座 日本通史』第9巻、中世3、岩波書店、一九九四年。

(7) 拙著『日本中世土地制度史の研究』塙書房、一九九一年。
(8) 拙稿「初穂・出挙・関料」『増補　無縁・公界・楽』平凡社、一九八七年。
(9) 注(5)佐藤・保立論文、桜井著書、注(6)拙稿。
(10) 拙稿「荘園史の視角」『講座　日本荘園史』1、荘園入門、吉川弘文館、一九八九年。
(11) 注(4)松延論文、及び注(6)拙稿。
(12) 拙著『日本中世の非農業民と天皇』岩波書店、一九八四年。
(13) 拙著『中世再考』日本エディタースクール出版部、一九八六年。
(14) 拙稿「平安時代末期～鎌倉時代における塩の生産」『日本塩業大系』原始・古代・中世(稿)、日本専売公社、一九八〇年。
(15) 拙稿「荘園に生きる人々」石井進編『中世のムラ』東京大学出版会、一九九五年。
(16) 拙稿「中世都市とその住人」『月刊歴史手帖』二二―一二、一九九四年。『日本中世都市の世界』(筑摩書房、一九九六年)に収録。
(17)『小浜市史』通史編、上巻、一九九二年。
(18) これまでの歴史学、経済史学の学術用語はすべてを農業、とくに穀物の農業のみに結びつけた用語になっており、これを根本的にあらためる仕事は、今後の大きな課題である。たとえば平地村に対する海村、山村、農村に対する果樹村、漁村、林村、工村、高村等の語があってもよいであろう。
(19) 注(16)拙稿。

(20) こうした市庭での市日の価格—和市が、どのように形成されているのかは、今後、追究しなくてはならない。
(21) このような為替の送進をふくむ流通のネットワークは十三世紀後半から十四世紀にかけて、流通路の領主、海の領主ともいうべき「悪党」・「海賊」といわれた武装勢力によって保証されていた。この点については拙著『悪党と海賊』(法政大学出版局、一九九五年)。
(22) 注 (14) 拙稿。
(23) 注 (17)『小浜市史』通史編、上巻、須磨千頴執筆分、及び拙著『中世荘園の様相』(塙書房、一九六六年)。
(24) 新田英治「室町時代の公家領における代官請負に関する一考察」宝月圭吾先生還暦記念会編『日本社会経済史研究』中世編、吉川弘文館、一九六七年。
(25)「東寺百合文書」さ函八〇号、応永八年四月廿八日、岩奈須宣深領家方所務職請文。
(26) 同右、さ函八一号、紙屋八郎二郎領家所務職請人請文。
(27) 同右、フ函七四号(一)応永八年十一月廿一日、新見荘東寺分年納帳。
(28) 同右、る函一九号、応永九年最勝光院方評定引付、三月六日条。
(29) 注 (27) 文書。
(30)「東寺百合文書」さ函八三号(一)、応永八年九月十八日、岩奈須宣深・栗木教賢連署契約状案。
(31) 同右、さ函八三号(二)、応永九年三月十日、岩奈須宣深・栗木教賢連署利銭借状案。
(32) 注(28)、二月六日条。
(33) 同右、三月六日条。
(34) 同右、三月廿二日条。
(35)『教王護国寺文書』巻三、八一四号、応永九年三月日、新見荘領家方年貢散用状。
(36) 注(28)、四月十一日条。
(37) 同右、七月五日条。
(38) 同右、十月十七日条。
(39)『教王護国寺文書』巻三、八一七号。
(40) 宮本常一『忘れられた日本人』(岩波文庫、一九八四年)の二〇八頁に、正月の挨拶に「おおとびでごいす」といって入っていくと、家の人が「もっておいでんされ」と答えたというが、これが「とびむかへ」の名残であろう。
(41)「東寺百合文書」前注(27)文書。

◆補 論

市の思想〔対談者・廣末保氏〕

市・辺界・無縁の空間

網野 この頃ちょっと不思議に思っていることですが、中世の古文書では「市場」という字は「市庭《いちば》」と書くのが普通で、「場」という字はあまり見えないんですよ。たとえば獅子舞があちこち歩き回る所を「舞庭《まいば》」といい、非人が乞食《こつじき》するのは「乞庭《こつば》」です。この庭というのはちょっと面白いと思うんですよ。

これと直接関係があるかどうかわかりませんが、中世、「庭中《ていちゅう》」という言葉があり、将軍に直訴することを意味する場合があります。例の河原者も「御庭者《おにわもの》」という言い方で室町時代には呼ばれています。その御庭者は、天皇の場合でも幕府の場合でもそうですが、将軍のところにじかに行けるんです。普通の家臣と全然違う関係を持つ。河原者も天皇とそういう関係があるんです。

庭という字で表現される「庭《ば》」のあり方は、われわれの知っている庭ともつながっているのでしょうが、しかし大分違う意味で、かつては一種の特異な空間をあらわす言葉だったという感じがしますね。そういう「庭」が、「公界《くがい》」にパッとつながるわけではないと思うんですけれども、やはり市の性格を考えると、私的な関係を超えた場としての共通点があるような気がします。

私が市に関心を持ったのは、市そのものよりもむしろ、あちこち遍歴する人間のことを追究しているうちに、結局そういう人たちの活動する場というのは、現在のわれわれからみると、多少特異な感覚でとらえなければならない「場」とみるべきじゃないかということを考え始めたからなんです。

市ができる場所は、いろいろな所があるでしょうが、具体的な例を御紹介すると、広島—安芸国の有名な荘園で「沼田荘《ぬたのしょう》」という荘園があります。そこの市庭の史料は昔からよく歴史家が使ってきたもので、領主が直接市庭をおさえていたことを示す史料として使われてきたんです。先に書きました『無縁・公界・楽』(平凡社)でも触れたんですけれども、じつはそうではなくて、市庭の側からみれば、領主の私的な支配を拒否する原理のあることを示す史料といってよい。

その本を書いてから実際にあの場所に行ってみましたら、川の流れの中にできた中《なか》洲《す》なんですね。中洲の周りを掘り上げまして、そこが市庭なんです。中洲は本来「無《む》主《しゅ》」の場で、そこが市場になり、人がすむようになったんですね。いま行っても「町」という地名が残っているし、ちゃんと「無縁塔」もある。

いままでの研究は、領主が直接支配していたことを強調してきましたし、確かにそれも間違いないんですけれども、それは領主の立場から市を見ているからそうみえるのです。実際に市で生活している人の方から見るとやはりその場所の性格を領主的な支配とは異質なものとしてとらえる必要があると思う。

ヨーロッパの場合でも同じようなことがあって、最初は領主の支配下にあるけれども、やがて市庭そのものが独自な都市に発展して、自治都市になっていく場合が見られますね。沼田荘の市の場合にはそうならなくて、いまはまるで忘れられているんですけれども。

廣末　確かに庭の字の使い方は江戸時代になってくるとお祭りのあった場所を庭という、そういう使い方をしていますね。だから普通の空間概念からはちょっとはみ出した場所を言っているようです。

それから公界ということと関係するんでしょうけれども、漂泊というのは定住というか土着というものを超えるわけですね。ところが、定住を超えているという独自なレベルの概念でありながら、しかもある一定の場所を持って出現するということがある。つまり、漂泊というのは場所を持たないんだけれども、それが観念として移行しながら一定の場所を占める、そういう二重構造めいたものが出てくると「市」という場所ができる。そういう感じがするわけです。

ただその場所というのは往々にして、道の出合う場所であったり、境というところにできるわけですから、やはり村落共同体に対して、ぼくに言わせれば「辺界」で、網野さんの使われた言葉で言えば「有縁」の関係を離れた場所、超越した場所ということになるでしょう。別の言い方をすれば、有縁の集団が有縁の生活をしながら、なおかつ無縁の空間を持たざるを得ない関係があるわけですが、そういう関係がないとやっていけないような精神構造が、ずっと後まで続きますね。近世になれば悪所《あくしょ》というのがそれに当たると思いますけど。

ちょっと飛躍しますが、市というものは宗教的問題もあるし、交易の問題もあるし、芸能の問題もありますね。近世になると、歴史のことはよくわかりませんけれども、商業的な場所というのはそれなりに自立してきます。それと同時に芸能とか、また売春的な要素を持っているもの、これは非常に未分化ですけれども、そういうものが悪所になってくる。市が分化していく過程を近世の中で見ていくと、悪所的なものと商業的なもの、それから宗教的なものと制度的なものに分けられていきますね。その中でぼくは、市の持っている超越性という性格が一番近世的な形で残っているのは悪所じゃないかという気がしているんです。

その超越性の中には宗教的な要素と、それから天皇のように領主を超越した、ある意味で観念的な、普遍的なレベルのものともつながりがありますが、一方で交易という問題、商業とか交換とかいうものの持っている超越性というか、つまり村落的なものを超えて交換する場所では、交易そのものが人間の観念を変えてしまうということがある。

ところがもっと面白いのは、これは網野さんの本で教えられたんだけども、宗教的な連中が同時に経済に介入しているという、高野聖《こうやひじり》なんかもそうでしょうし、説経節などに出てくるように行商民というのが絶えず介在しているでしょう。宗教的な超越性が、ある段階になると商業的超越性を同時にしょっている。まさに市というものの構造と漂泊、遊行の形態を担う人びとと重ねることができる。

市のある段階では、たとえば一遍《いっぺん》上人が歩くということは、それぞれの土地の宗教を超越した普遍的宗教観を植えつけていくわけですね。非常にパラレルな形で商業というのは成り立っていくわけなんです。

いままでは宗教史的なものと経済史的なものを別々にやってきた。網野さんのこの本ではそういう観点をかなり巧みに、鋭く出しておられるわけですけどね。ぼくらの方から見ると、それがさっき言ったように近世の中で分化していって、その分化のために近世の文化がどうなっていったかという問題に発展したわけで、その辺、もうちょっとこれから整理しなくてはいけないと思っているんですけどね。

網野 悪所のお話が出たんですけれども、やはりそういう場所と、かつて、遍歴的な性格を持った商人、あるいはもっと古く遡《さかのぼ》れば海民がいた場所とどうも重なるような気がするんですね。

遊女というのは大いに船とかかわりを持っていて、海民とも関係がある。中世の段階の遊女というのは自立した集団なんですね。決して一ヵ所に閉じ込められていない。自立した集団として動いているんです。もちろんそれにいろいろな芸能、傀儡子《くぐつ》のような問題が絡んでくると思います。いまおっしゃった通り、中世の段階ではそういう芸能や商業の要素を一人の人間が両方兼ねるような傾向があり得ると思うし、むしろ、それがきわめて一般的であったという感じがしますね。

桑名の遊郭跡はあまりよく見ていないんですけれども、あそこには蔵人所《くろうどどころ》に属する蠣《かき》供御人という海民の集団がおりまして、ずっと蠣を朝廷に出しているわけです。荘園としては桑名近辺は益田荘となっているんですが、摂関家領で、その関係から勧請《かんじょう》されたとみられる春日神社という神社があるんです。ところでどこまで古く遡るかわからないんだけどそれとは別に、住吉神社があって、恐らくこれが海民集団―供御人集団の神社じゃないかと思うんですよ。その近辺にやっぱり遊郭があるらしいですね。

つまり、いま言われたように、町ができて、かつての無縁の空間が有縁の世界に囲まれるという状態になったときも、やはり古い、いままでの伝統が無縁の空間の中で生きつづけている。そして有縁の方もどうしてもそれを必要とする。そういう関係があるのは確かですね。

宗教民・芸能民・商人集団

廣末 中世の場合、市というのは特定の時期に市が形成されると考えていいわけですか。恒常的市というのはどの段階から始まるんですかね。

網野 いままでの歴史家の考え方ですと、多少とも恒常的な定期市が出てくるのは、鎌倉時代の後半ぐらいからだと言われています。

ただその後、いろいろ調べてみると、中世の初めごろの年貢は米だけじゃないんですね。一応、田地に年貢が賦課されるんですけれども、年貢にして出すものは絹を出したり鉄を出したり、そういう水田とは全然関係のないものがたくさんあるんです。そうすると、何らかの形での交易がかなり日常的にやられていなければならない。それは遍歴してきた人間が交易するというのとちょっと性格が違うと思うんです。広い範囲で交易の場が古くからなくては工合が悪い。そういう場所に遍歴商人、芸能民たちが集まってくることも、もちろんあるわけですけれども。そういう市の原形は中世の記録にはあまりはっきりは出てまいりませんが、古代以来の市につながるような場が広くあったと考えられますね。

ただ文書の上で、市がはっきりした形をとって恒常的なものになっていくのは、確かに鎌倉時代ぐらいからかもしれません。それ以前は、集まって消えちゃうわけですからその場所は文書には残らない。しかし、そういう場所を考えないと、説明がつかないことが多いんですね。

それで、市のたつ場所ですが、さっき廣末さんのお話にも出ましたが、境というのは面白い空間だと思うんです。国の境というのは普通の荘園の境よりも、もっと市的性格が強いんですね。平安時代、十一世紀ぐらいの史料に出てくるんですけれども、そこには「不善の輩《やから》」が往来して困ると書かれている。それは当然ですね。一種の無縁的空間だから。そこで、そこへお寺をいくつも建てるんですね。しかも国の境に関する訴訟はふつうの領主や六波羅探題では取り扱えない。西国の場合は天皇しか裁決することができない。

先程から話の出ている市的空間には、一面にそういう特徴があることも考えておく必要がありますね。

廣末　地理的な境でもあるけれども、精神的にも境ですよね。どこにも帰属できない。境というのはまさに辺界だけれど、条件は、その空間が日常的な空間を意識の上で侵略していく過程が出てこないと、普遍的な精神というのは出てこないんじゃないかという気がしますね。

だから、前近代における普遍志向、普遍的なるものを求める志向は、何かそういうもので媒介されているんじゃないかと思うんです。そういう大きな役割りを果したのが遊行宗教民であるし、芸能民であるし、商人であると思う。その空間的象徴が市であると考えてもいいんじゃないかという気がするんですけど。

網野 最近見つけた史料で非常に面白いと思ったのは、傀儡子や唐人が鎌倉時代の中ごろには集団をなして商売をやっていたらしいんです。傀儡子は芸能をやるだけではなくて、かなりいろいろなものを売り歩いていたらしいんですね。そうでなければ生活もなり立っていかなかったでしょうし、鋳物師《いもじ》などにしても鋳物だけ売り歩いていたんじゃなくて、小麦や米などの穀物とか絹などをみんな持って歩いて売っているわけですから、そういう人たちのいろいろな機能が市には集中する。

廣末 寺社と芸能の関係ですね。いま言われた唐人というか中国系の芸能民が、そういう集団をつくって、寺社にかなり入り込んできていたんじゃないですか。

網野 これもいままで歴史家の盲点になっていたと思うんですけど。研究は一応あるんですが、あまり考えられてこなかった。中国大陸とか朝鮮半島などの異国の商人や工人——実際には異国人という意識がどこまであるか問題だと思いますけれども——そういう人たちがかなりたくさん、日本列島で集団をなして自由に活動していたと思われますので、その果した役割りなどを基に、もっと広い世界の中で日本を考える必要があると思うんです。

廣末　そうですね。ある意味では市はインターナショナルな場所になる性格をもっている。

網野　遊郭が悪所と言われて一ヵ所に集められているような鎖国以後の時代の感覚とは違う世界が、やはり中世の、特に鎌倉以前の時代には国際的にも非常に広くひらけていたような気がしますね。

商人＝芸能者の関係

廣末　そこで芸能民は芸能をやったと考えられますけれども、交易の中から芸能的なものが出てくるという面もちょっとあるんじゃないかという気がしますね。これは全く空想なんですが、物を交換するときに相手の品物に相当けちをつけて、悪口を言い合うんですね。悪態のつき合いという、これは一種の遊びでもあるわけで、ユーモアがありますよね。

網野　面白いですね。

廣末　つまり異質なものが出会う。それは対立するでしょうけれども、それを一種の余裕を持った悪態のつき合いみたいなもので、逆に交換を可能にしていくということが出てきますね。

まあ悪態の芸というのは宗教的な行事などにかなりたくさんありますけれども、商人というのはある意味では〝口の徒〟でもあるわけですから(笑)。口の芸ということを考えると、ちょっと面白くなりますね。しかも、それは自分たちの村落共同体の中では成り立たないものですよね。だから、考えれば、いろんなことが推理できる。泥棒市的要素だってあったわけですから。

香具師《やし》などのしゃべり方も独特のものがありますね。ああいうものは一種の話芸になるんでしょうね。だからそういう話芸の方法を考える場合も、やはり市で、しかも共通の感覚がないところでつくるわけですから、相手の関心をかなり意識的に引きつけなくてはいけませんね。つまり一種の芸が要るわけです。いまのセールスの芸は低下したけれども(笑)。

だから商取引とか交易とかいった場合でも、その中に遊びとか娯楽とかいうものをもっと介在させてもいいんじゃないかと思いますね。そこへ来ると非常に開放的になって、ふだん使わないような言葉がどんどん発明されることもあるでしょうから、そういう意味で、芸能者というのは芸能の中だけではなくて、セールスの方法なんていうものからも考えていいんじゃないかと思うんです。

説経師を見ても、遊行の高野聖も、いろんな物をしょって歩いているわけですよね。自分の持っている物を売り込むときのしゃべりの言葉というのは完全に芸能的な言葉ですから、ある意味では、商人が同時に芸能民であったということですね。

網野　中世の段階では、実際、商人も芸能民に入るんです。商人だけでなく、呪術者、宗教人も手工業者もいまのような狭い意味ではなくて、ひっくるめて全部「芸能」という言葉でくくっている。博打《ばくち》なんかも芸能民なんですね。勝負師の世界というのは、近世ではそれなりに分化して独立した世界になるんでしょうけれども、中世では未分化なんですね。それが「芸能」という言葉で全部ひっくくられていることに一つの意味があるような気がするんです。

廣末　いま使っている芸能というのは芸能学がつくり出した概念で、逆にそれに当てはめてきてますからね。ずれてくるんです。

近世の悪所の中には特殊語というか、郭《くるわ》の用語というものがありますが、あれは博打の用語なんかがかなり入り込んでいるんです。それを調べていくと『梁塵秘抄《りようじんひしよう》』の段階から問題になってくるわけですけれども。

もう一つ、これはちょっと違うんだけど、鉱山用語が入ってきているんですよね。「間夫《まぶ》」とかいうものもそうですね。それはあのころ鉱山で金をもうけた連中がハデに遊んだということがあるのかもしれないけど、山師というか、そういうものが中世の公界とどういう関係になるのかというのをもう少し明らかにすると面白いと思うんです。

網野　最近気がついたことなんですが、「下在《げざい》」という言葉があるんです。これは江戸時代では鉱山の山掘りのことをさしているんですよ。ところが明治になると、これが「下罪」と書かれたらしい。しかし、鎌倉時代まで遡ってみると「外財」というのが本来の言葉なんですね。それは仏教用語らしくて、「内財」というのが家の中の財産、体の中の財産で、これに対して体の外の財という意味で「外財」。そして、さっき言った広い意味での芸能に携わる人びとはみんな「外財」を持っているとされた。しかし、だんだん「外財」が「外才」と書かれるようになり、一方では音通で「芸才」という形にまで変っていってしまう。ところが本来全く賤視の意味を持っていなかった「ゲザイ」が「下在」と書かれて賤《いや》しめる意味を持たされ、鉱夫をさす限定された言葉になる。で、なぜそれが鉱山だけに定着してしまうのか、ぼくは非常に疑問に思っていたんだけど、いまのお話を伺うと遊郭と鉱山……。

廣末 近世に入って銀とか銅とかが急に大々的に開発されたということもあって、その連中が金を持っていて郭遊びしたという面もあるでしょうけど、何かもっと前からそういう集団とのつながりが深層にあったんじゃないかという気がするけれど。

網野 他に木地師の方では外に小屋がけする場所のことを、字が違うんだけども「外在」というそうです。

廣末 少なくとも定住じゃないことは確かですね。

網野 「外財を遂げる」ということは、もともと、供御人のような遍歴民が定住ではない生業を営むことを意味していたんです。

市の思想・公と私の間

廣末　それから、さっきの支配との関係ですけれども、つまり有縁の論理では支配できないので、そうすると内部規制みたいなものというか、彼ら自身のルールが必要になってきますね。広場の法則と言ってもいいんだけど。

網野　日本の場合、いままでの歴史的な経過の中で、「広場のルール」が、どの程度意識的、自覚的になっていたのか、私にはまだよくつかめていません。しかし、さしあたりまず持ち出せる社会的組織の原則は「老若」の組織なんですね。――この「老若」は年齢階梯《かいてい》的秩序、つまり集団の中の位置づけを年齢でやっているということで、非常に大事な意味を持っていると思うんですけれども、もうちょっと自覚的な形の広場の意識あるいはルールみたいなものがあるかというとなかなかすぐにはつかみ出せないんですね。

廣末　つまり、それは地域によっても違うだろうし、それを構成している要素によっても違うだろうし、そのときの力関係によっても違うでしょうしね。しかし、少なくともそういう内側のルールみたいなものを自主的につくることをある程度しないと、外からの力と戦えないわけでしょ。それと今度は外から干渉を受けないために、逆に、外のルールをも巧みに、自分のルールの方に偽装的に転換しないとやっていけないということがありますね。その比重というのはやっぱり場所によっても時代によっても非常に違っているんじゃないでしょうかね。

網野 「老若」の組織原理に加えて、もう一つ公界の世界のあり方に貫徹しているのは平等原則でしょうね。現実の世界ではこの原則はそのままにいかないことがあるけれども、それに対する志向は確実に強烈に働いていますね。

もう一つは、これはまだいろいろ議論があると思うけれども、たとえば兄弟とか親とかそういう関係が公界の場、市的な場にいたときには全部切れるという、その意味では完全な個人というか、一個の自立した人間がそこでは非常に大きな意味を持ってくる。こいつは一応つかみ出せると思うんですよ。それへの志向ですね。それが実現されているかどうかというのは別問題ですけれども。

廣末 恐らくテクニックとしては市のいろいろな経験というのは近世の、たとえば郭の中では刀をどう扱うかということ。つまり、郭の外とは違うわけでしょう。それから郭の中にかごで乗り込んでいくことが許されるのは医者だけだとか、身分を超越するとかいう、それはもちろん体制側が郭をうまく秩序にはめ込んでいくための一つの手段でもあるだろうけれども、郭の中にも独自の秩序がある。そういう秩序を維持していくための方法というか、テクニックというか、そういうものが、恐らく目に見えない形で、市の中で、外部からの圧力を規制していく方法となって、伝統的には入り込んできていると思いますね。

網野　それは中世だと「敵、味方きらいなき」とか「敵、味方を問わず」とか、ある程度一種の決まり文句になっているみたいなんですね。何例かそういうのが出てくるんですが、市の一つの大原則はそれですね。

とにかくそこの中では平和な空間を維持しなくてはならないから、これは人間の場合でも同じで、そこへくる人間はとにかく敵、味方きらいなく扱わなきゃならない。そういうのが遊行、遍歴の民に共通している性格じゃないか。これも大事な問題でしょうね。

廣末　恐らく中世の場合には、市というのが非常に現実的な形でリアルに存在していたわけですね。ところが近世になってくると、これが非常に意識的な虚構の場になるんです。フィクションとして維持していく。そこがちょっと違ってるんでしょうけど。しかし、どうしてもフィクションとしてそれをつくったという意識そのものはやっぱりかなり問題にしなくちゃいけないんじゃないでしょうか。

網野　現代になると「敵、味方きらいなく」市場を見つけて、武器まで売りつけるというか……(笑)。なかなか難しくなる。

廣末　だから市の思想からくるのは、さっきインターナショナルなものがあると言ったけど、同時にコスモポリティックで、むしろそっちの方がどんどん発展していくという可能性は大でしょうね。

それで遊行民なんていうのは、非常に民衆的というか、庶民的というかそういう精神構造をうまく、あるいは宗教的感情なんかをうまく反映している面があるわけですけれども、同時にぼくは半分は、どう言ったらいいか、やはり悪党的要素を持っているると思うんですよ。そうでないと、なかなかやっていけなかったと思います。おどしをかけたりね。全部善意でとらえるんじゃなくて、やっぱり対立者がいるわけですから。権力もあるし、土着定住民の方は土着定住民の一つの慣習なり倫理、秩序意識があるわけでしょう。だからそういうものにはさまれながら一つの空間を維持していくためには、やはり葛藤《かっとう》が伴いますから。そのためにはとにかく善意の思想じゃなくて、やはり悪意がどのように形成されてきたか。その悪意そのものが今度は芸術とか芸能とかにとっても重要なものになってくるんですよね。

宗教家も悪意というのはあるわけです。やっぱりだますわけですよね。おまえ、地獄へ落ちるぞとか何とか言って、そして念仏を唱えておさい銭をとるわけです。ただ単に民衆の苦しい生活感情を自分たちが代行したり担ったりしておったというような、庶民的ヒューマニズムの立場ではとらえられない。悪意というと否定しなくてはいけないみたいだけど、そうではなくて悪意そのものの持っている積極的な側面をもっと評価していく必要がある。市が成り立つための市集団、市空間の持っている悪意の構造というやつを考えていくと、これは非常におもしろいですね。もうちょっとリアルになってくるかもしれない。

網野　中世では悪党というのはいまおっしゃった意味で、否定されるべき悪ではなくて、非常に強靭《きょうじん》というかしたたかというか、そういうものが一方にある。それでなきゃ、やはりやっていけなかったんだと思いますね。

廣末　やっぱり東京の都心で開かれる歩行者天国みたいなものじゃだめだと思う(笑)。

それから、さっきの兄弟とか親子とかという関係から切れて一人でも存在できるという、その一人一人の集団、そのような構成ができてくるというのは非常に重要じゃないかと思いますけどね。

近世になってくると三人寄れば公界。つまり「世間」という意味ですね。そして、世間というときには親、兄弟、親族によって守れない世界ですね。だから家族とか何かに対するものとして、それを三人寄れば公界といった。一人一人全く違うものが出会ってできてくる世界で、郭がそうですね。そして、その公界の郭は苦界にもなるわけですね。親類縁者から切り離されて、個人として入り込んでいって、そこでできて上がっている世界。当然何かあるとたちまち広まる。情報がよくもわるくも、すぐ広まる場所で、つまり隠してくれない、守ってくれないわけですね。だから、個人個人で防衛しなくちゃいけないという問題がありますね。

網野 日本の場合、「公」というのは、いまおっしゃった本当に自立した個人がいろいろ関係を持つことができる世界ではなくて、国家といいますか、日本では天皇に代表されるわけだけれども、そういう「公」の方がまず頭に浮びますよね。これが日本の社会の一つの問題だと思います。しかも、さきほどいいましたが、国の境の争いは天皇が裁決するとか、自由に諸国を往反する遍歴民の権利が天皇によって保証されるとか、鎌倉時代には、まだそれが現実的な実態を持っているし、室町時代以後にも、伝説的なものになりながら、現実を規制しています。そこに非常に難しい問題がある。

しかし公界の「公」には、そういう「公」とは異質な自立的なものが明らかに入っているると私は思いますね。実際、天皇の「公」は庶民自体の関係そのものの中にある自立的な「公」を、ひっくり返し、吸収して成り立っているのですからね。

廣末 そうでしょうね。図式的に単純化すれば、村落共同体とか、血縁によって構成される家族集団とかありますね。つまり有縁の世界があります。ところが、近世的な形で言えば、そのもう一つ外側に世間というものがあって、そのもう一つ上に「公」というのがあるわけです。

だから近松なんかの芝居を見ても、彼らは「公」の倫理に対してはあまり悩まないんですよ。世間の倫理に悩む。これは当然なんで、「公」に対して彼らは責任がないわけですよ。自分たちで自主的につくっている「公」じゃないから。それに対して世間というものは自分たちがある程度関与してつくり上げている世界ですから、義理なんてものも世間に対する義理であって、公に対する義理意識はない。むしろ「公」の方からの罰に対しては何とか救ってやろうという意識がある。しかもそれが救えないから悲劇になるわけですけれども。

世間と「公」というのを分けると、公界は近世化するとむしろ世間の方になっていく。われわれが「世間」という概念を持っていたことをもう少し深く考えてみる必要があるんじゃないでしょうかね。「公」と「私」だけじゃなくて「世間」という概念がその間にある。政治思想史の上でも、この点で少々ぬけていたのではないですかね。というわけで、この公界の「公」というのは括弧つきの「公」という感じでしょうね。

網野　私もそう思うんです。いわゆる「公儀」「公家」とかいう言い方をされる「公」とはやっぱり違う意味が込められている。

私が公界の「公」が近世に入って転落したと言ったのは、それが「世間」になっちゃって、そっちの方が本当の「公」になれなかった。「公儀」の「公」に吸収されてしまったことを言いたかったんです。それが、なり損なったのか、そうなっていくところに、日本の問題の深刻なところがあるのか、その辺はまだ私もよくわかりませんけれども、そういうことでしょうね。しかし、そういう自主的な「公」が、公界の「公」として、日本人自身の中から、とにかく独自な形である程度意識化されて出てきたということに、私は非常に大きな意味があるように思うんですけどね。

廣末 現代的な「公」の意識で考えると世間というのがいまはどのようなものになっているかよくわかりませんけれども、ある場合には世間は大衆的な自主的な関係で、「公」に対抗するものにもなるし、ある場合にはいい意味の公意識の足を引っ張るようにもなる。

だから上からの公意識の啓蒙《けいもう》に対しては、前近代的な形で、絶えず裏側から足を引っ張っているというか、闇の公として対立した。闇市じゃないけれども、闇市的闇の世界を持っていないとやっていけない。「私」からいきなり「公」という過程にはならないような気がしますね。それはしかし、ぼくは日本だけじゃないと思いますけど。

網野 日本だけじゃないでしょうね。

廣末 いままでは「公」か「私」かという非常に単純なカテゴリーしか考えないから、政治思想史的にも精神史的にも落し穴があったような気がしますね。市の思想をずっと調べていけば、「公」と「私」の間にくさびを打ち込むような要素が見つかるんじゃないでしょうか。

＊本対談は『グラフィケーション』一九八〇年一月号に掲載された。

Ⅱ 聖と賤

中世における聖と賤の関係について

「差別」について

今日は「人権問題」という大きな問題について、お話をすることになっておりますが、果して十分お役に立てるかどうか、大変心配しております。私自身は日本の中世史を勉強してきましたので、自分の狭い範囲の勉強を通して考えてきました差別に関わる問題についてお話をして多少お役に立つことができればと用意してまいったわけであります。

さて、人間の社会の中で「差別」と言われるような事態が、何故に、またどのようにして起こってきたのかという問題は、大変根の深い大問題であり、ここでそれを論じきる力も、時間もないのでありますが、主として中世の問題に絞ってこれから考えてみることといたします。

人間の社会にいろいろの形で現われる差別について、これは人間の本質から出てくるもので、どうしても差別は生まれてくる、それゆえにどんな社会でも差別はあり得るのだという見方を主張する方もおられないわけではないと思いますが、私はこれは、事実そのものに即してみて、決して正確なとらえ方ではないと考えます。「差別」という現象、とくにその「制度」化は、きわめて歴史的なものであって、決して固定的なものでもなく、もちろん人間の本質につながるものでもないということを、まず確認しておく必要があろうかと思うのです。

私は考古学の専門家ではありませんから、人の書かれたものによって知っているだけですけれども、日本列島における原始社会である縄文時代の最近の研究を読んで大変感銘をうけました。縄文時代の社会は、人間の生活が自然に全く圧倒されているような非常にきびしい社会だったのだと思います。縄文時代の平均年齢は、男が三一・一歳、女性は三一・三歳だったのだそうで、三〇歳を越えると生き残る人はかなり多いけれども、ゼロ歳時の平均余命はわずか一四・六歳、一五歳の平均余命は一六歳という状況だったことがそれをよく物語っています。そういうきびしい条件の下にある縄文時代の社会には、男女の差別もないし、民族自体が、まだ形成されていないわけですから、民族差別もあろうはずはない。もちろん被差別部落など、この時代には存在していません。

また、病人や身体障害者に対する差別が、しばしば現在でも問題になりますけれども、その研究者──鈴木公雄氏は、縄文時代の社会では、病人や身体障害者に対する差別もなかったと見るべきだと言っておられます。

たとえば口蓋裂《こうがいれつ》の障害を持つ女性が三〇歳以上まで生き延びている。それからポリオ、つまり小児麻痺にかかったとみられる人や、骨折をした人も、かなりの年齢まで生き延びていたことが縄文時代の人骨の研究によって明らかになっています。きびしい自然条件の中で身体に障害を持った人の命を長らえさせるために、周辺の人びとが払った努力は、現代の文明社会に生きているわれわれにとって、想像のつかない困難なことではなかったかと鈴木さんは指摘しておられます。これは大変感動的な事実だと思うのです。世界的にみても、ネアンデルタール人の場合にも歩行困難で、右手と左目が使用できない状態の人が四〇歳まで生き延びているという事例も報告されています。

そういう意味で人間の社会の最も原始的な段階においては差別は間違いなくありませんでした。差別をする余裕が全くないともいえますが、そこには原始的な意味で人間の生命の貴重さがよく現われているといえるのではないかと思うのです。その意味で、差別を、人間の自然なあり方だなどと見る見方の誤りは明らかで、このことは差別の問題を考える上の出発点として大変大事な観点ではないかと思います。

民族差別について

さて、差別の中にはいろいろな形があるわけですが、まず民族差別について考えてみたいと思います。現在の状況は、戦前と比べると非常に大きく変りつつありまして、韓国人・朝鮮人に対する差別も薄くなりつつあるとは思いますが、これはいまだに決して完全に消えきったわけではないと思います。実際に学者の中にも法制史の分野で立派な仕事をしておられる滝川政次郎さんは、かなりのお年の方ではありますが、朝鮮人に対する差別が日本の社会に非常に古くからあったということを主張されておられますし、ご自分もきわめて強い差別意識をお持ちのように思われます。

やや突飛な話になりますけれども、日本の社会の中で古くからいろいろな意味で人から注目されることの多い遊女《ゆうじょ》、あるいは傀儡《くぐつ》―人形回しの人びとについて、滝川さんはこの人びとが、朝鮮半島から渡ってきたのだと主張しておられるのです。じつは被差別部落についても、かつてこういう主張があったのですけれども、滝川さんは遊女や傀儡は朝鮮半島から日本の社会に渡ってきた人びとで、最初から「化外《けがい》の民」として賤《いや》しまれ、差別をされていたといわれる。つまりそのころから民族的な差別があったといわれるのですが、この考え方が学問的に見て果して正しいかどうか、これは十分に考えてみなくてはならないことだと私は思うのです。

そしてそういう考え方が、現代における民族的な差別を支えるいわば「学問的」な根拠であるがごとき形をとっていること自体に、大きな問題があります。いま述べましたように、滝川さんは優れた仕事をしておられるのですが、この点になると、一つの思い込みにとらわれて歴史を見ておられるところがあると、私には思えてならないわけです。

実際、具体的に研究してみますと、遊女・傀儡だけが朝鮮から渡ってきた、あるいは被差別部落の人びとが朝鮮から渡ってきたということは、学問的には全く根拠がありません。また朝鮮半島の人びとに対する差別が古代からあったということも、学問的な根拠はないと思います。朝鮮人に対する差別が日本の庶民の中に根を下ろしてくるのは、意外に新しい。おそらく明治に入って、日本が朝鮮半島を植民地にしてから後の現象ではないかと思います。江戸時代の日本の学者たちが当時、朝鮮から派遣されてくる朝鮮通信使に対して、新しい学問を求めるために、非常に熱心に質問をしたということはよく知られていることで、朝鮮はいわば、新しい学問の窓だったようです。ですから朝鮮人に対する差別は決して古代以来、一貫していたわけではなく、尊敬の念を持って見ていた人びとも少なからずあったのです。

そもそも、朝鮮人あるいは日本人ということを古代から軽々に言うこと自体に、考え直してみなくてはならない問題があるのです。われわれはしばしば日本列島に最初から「原日本人」というきわめて均質な集団が住んでいて、それがわれわれの先祖なのだという見解を聞いており、それが大方の常識になっていますけれども、この見方自体に大きな誤りがふくまれているのではないかと思います。東西南北に長くのびた日本列島の中には、最初からかなり異質な社会集団がいくつかあったことは確実であり、それは北海道、沖縄だけではなくて、後でふれますけれども、日本列島の主要部である列島東部と列島西部の社会集団もかなり異質だったのではないか。それは、縄文時代、弥生時代以来の深い根を持っており、列島東部と列島西部とでは、のちのちまで文化・社会・生活のあり方が違っているということが、最近だんだん明らかになっております。もちろん朝鮮半島にも、生活・文化を異にしたいくつかの社会集団があったのだと考えられます。

そう考えてきますと、原始・古代の社会において直ちに日本人、朝鮮人という区別をすることは決してできないわけで、こういう常識の中には現代の日本あるいは朝鮮・韓国のあり方を過去に投影するという非学問的な見方が入りこんでいるといわざるをえません。確かに日本人は現在は相対的には均質度の高い集団であるといえますが、こういう集団が日本列島の中でいつごろ、どういうふうにして形成されてきたか、このこと自体を歴史の問題としてあらためて考えてみる必要があります。差別に関わるさまざまな問題を考える場合も、このような大前提を置いた上で、追究する必要があると私は思っています。

日本は「島国」か

私たちが日本の歴史を考える場合、何となく常識的に、日本は「島国」で、周辺を海で隔てられていて、地理的に大陸から孤立した状態にあり、そうした条件から日本人は均質な集団になり、同じような文化を持つようになったのだと考えてきたと思います。しかしこの「島国」という考え方自体、私は、本当に学問的な根拠があるのかどうか、疑問を持っています。

この考え方は、海が人と人とを隔てるということを前提にしていると思いますけれども、実は時代を遡《さかのぼ》れば遡るほど、海、湖、川を通じての人と人とのつながりは、緊密だったのです。水上交通の役割は、時代を遡れば遡るほど、大きな意味を持っていたわけで、日本列島には、海を通じて、東からも西からも北からも、あるいは南からも人が渡り、逆にこちらからも人が外へ出ていったということを考える必要がある。その方が事実に即しているのではないかと思います。

一例をあげますと、博多から対馬まで船で行きますと壱岐経由で五時間ぐらいはかかります。玄界灘の荒海を越えていかなくてはならない。しかし縄文文化はその対馬まで伝わっているといわれます。しかし、対馬と朝鮮半島はきわめて近い。対馬から朝鮮半島は実によく見えるので、船でもおそらく一時間ぐらいで行ってしまうのではないでしょうか。

先ほどの常識的な考え方によると、日本は島国であり、縄文文化は現在の日本国を構成している島々に最初から一つの均質な文化として存在し、それが日本文化の基盤だといわれるわけですけれども、こう考えると大変おかしなことになる。九州から対馬まで海を通して文化が渡っているのに、はるかにそれより近い対馬から朝鮮半島へは文化が渡らない。逆に向こうから対馬に文化が入ってこないということになる。これは、学問以前の問題で、普通の人間の頭で考えてもきわめておかしなことではないでしょうか。これまでの島国論の大変な思い込みがそこによく現われているような気がするわけです。

実際、最近の縄文時代の新しい研究、たとえば渡辺誠さんの研究によって、縄文時代から朝鮮半島と関わりを持つ、海を主として生活の基盤としていた漁労民の文化があったという事実が明らかになってきました。縄文前期から北九州、山陰、山陽、瀬戸内海の一部、それに朝鮮半島の南岸、東岸、そのあたりを広く覆う漁労民の文化があり、弥生時代の稲作の文化も、こうした人びとの文化の交流の中で日本列島に入ってきたのだという考え方が出てきております。弥生時代以降の列島西部と朝鮮半島との交流が、きわめて活発であったことは、よく知られていますが、その交流は遠く縄文時代に遡り得るということがはっきりしてきました。このことは、われわれが、日本列島の社会の歴史、あるいはその中における差別の問題を考える場合にも大変重要な意味を持ってくるのではないかと思うのです。

もちろん、これまでも古代には、朝鮮半島からたくさんの人が日本列島に渡ってきたことは認められています。かつてはこれを「帰化人」と言っていました。しかし、「帰化」という言葉自体に問題があるので、最近では「渡来人」と言われていますが、多様な技術を持つ移住民がたくさん日本列島に入ってきたことは、よく知られています。しかしこれまでの見方は、これを国家と国家の間の交流としてとらえてきました。つまり当時の畿内の政権が、向こうから人を招いた、あるいは百済《くだら》が人を送ってきたという形で説かれることが多かったので、「帰化」という言葉もそういう見方で用いられていたのだと思います。

しかし、先ほど述べましたような、縄文時代からの歴史を考えてみますと、この交流は、決して向こうから人が来ただけではなく、こちらからも当然人が行っている。しかも縄文、弥生時代には国家と国家との交流などはほとんど考えられないわけですから、庶民レベルの交流が行われているわけで、古墳時代以後の移住民もこうしたことを根底に置いて考えられなくてはならないと思うのです。

庶民レベルの交流

実際、このように考えなければわからない現象がいくつかあります。たとえば中世の絵巻物を見ていますと、女性たちが、みんな立膝《たてひざ》で座っているのですね。現在のように正座はしていない。この座り方、立膝は現在でも韓国・朝鮮の女性の正式な座り方でして、中世の絵巻物を見ていますと、現在の朝鮮半島における女性の座り方をさまざまと思い出すことができるわけです。

そのほかにも朝鮮半島と日本列島とでは習俗上の類似がたくさんあります。たとえば「石合戦」、河原で石を投げ合う子どもの遊びで、その研究をした私の義兄の中沢厚なども盛んにやったようです。この習俗は西日本では非常に古くまで遡り得るのですが、これが朝鮮の習俗と非常によく似ています。室町時代には、正月十五日と五月五日に、大人まで「石合戦」をやっているのですが、朝鮮でも古くから同じときに石合戦をやっています。

そういう習俗上の類似例はまだまだいろいろあると思うのですが、非常に大事なことと、注意すべき点は、女性の習俗が似ているということです。人のしぐさはそう簡単に変るものではありません。しかもそのしぐさの中で、女性のしぐさが相互に似ているということは、単に技術を持った男性だけが日本列島にやってきたのではない、もっと深い庶民レベルの中での交流が朝鮮半島との間にあったことを物語っていると思うのです。

　とすると、先ほど述べましたように、遊女と傀儡のような特異な集団だけが日本列島に渡ってきて、古代以来「日本人」の中で「化外の民」として差別されていたなどということは、この状況の中では全く考えられないと言わざるを得ないのです。

　また朝鮮半島の百済と西日本人との関わりは、きわめて密接で、よくご承知のように桓武《かんむ》天皇の母親は百済からの移住民でありました。よくわからないのはそのころ、百済から渡ってきた人と西日本人が一体何語でしゃべっていたのかということです。百済と日本との関係については、いろいろな制度的な問題はあるのでしょうけれども、通訳は置かれていません。新羅《しらぎ》との関係では明らかに通訳が出てくるのですが、百済との関係では通訳が出てこないのはどうしてか。何語でしゃべっていたのだろうかと古代史家に聞いてみるのですが、どうも古朝鮮語がよくわからないようで、はっきりしたお答えをいただけません。しかしこれは、大

立膝の老女　『鳥獣戯画』（模写）による（『絵巻物による日本常民生活絵引』）

変不思議です。おそらくそう違った言葉を話してはいなかったのではないかなどと、素人流に想像してしまうのですが。

これは軽々に結論を出すことはできないことですけれども、少し極端に言いますと、当時の、西日本人と東日本人の差と西日本人と朝鮮半島南部の人びととの違いを比べてみて、どちらが大きかったかということは、簡単に結論を出せることではないと思います。

たとえば弥生文化が入りましてから、約二百年間の弥生前期は、列島東部は縄文文化、列島西部は弥生文化という時代が続いていたわけです。その間のことを考えるならば、列島西部人と列島東部人の差の方が、朝鮮半島の人びとと列島西部人の差より大きかったことは確実です。縄文と弥生ではまるで生活の基盤が違う。そうした東と西の違いが二百年近く続いたということは、のちの歴史にかなりの重大な意味を持ってくるように思うのです。

実際、朝鮮半島と日本列島の間に国境らしきものが出てきますのは、日本列島に律令国家＝「日本国」が、朝鮮半島に新羅が成立してからで、白村江《はくすきのえ》の戦争がありまして、唐と新羅の連合軍に対し、律令国家の軍隊が完敗を喫したころからではないでしょうか。このとき唐、新羅軍が攻めてくる危険性は絶大だったわけです。そこで対馬にも北九州にも朝鮮半島に向かって防衛施設、城がつくられます。ところが、これが朝鮮式の山城なのです。その後の日本の城のつくり方とは違う朝鮮式の山城が朝鮮半島に向かって築かれているという事実に、この時期の両者の関係が象徴的に現われているいると思います。

遊女・傀儡について

こういう、朝鮮半島と日本列島の密接な関係の中に遊女や傀儡を置いてみれば、この人びとの風俗が朝鮮半島の芸能民の風俗とよく似ているということは、別に特別なことではないと考えられます。『傀儡記』『遊女記』という大江匡房《おおえのまさふさ》が遊女と傀儡を簡潔かつ見事に描いた文章がありますが、それによると、遊女・傀儡は、定住をしないで、遊女は水辺に根拠地を持ち、船で客を呼ぶ。傀儡も、常に水草を追って移動する。匡房はそのように書いていまして、この習俗は朝鮮半島の芸能民のあり方ときわめてよく似ているように見えるということから、先ほどの滝川さんのような説が出てくるわけです。

しかしいま考えてきたような朝鮮半島と日本列島との密接な交流を前提とすると、確かに遊女・傀儡が朝鮮半島から渡ってきたことは、十分にありうることですけれども、それは非常に広い基盤をもつ交流の中において考える必要があります。この方が学問的に見て自然な見方だと私は思うのです。

ところが、先ほどの『傀儡記』『遊女記』は大江匡房の文章が大変うまいので、後世の学者に甚大な影響を及ぼしました。そして、匡房の書いた遊女・傀儡の姿は、確かにその一面を描いていることも間違いないのです。

傀儡についていいますと、男は砂を金に変えるような、一種の幻術をやる。生きた人間のように木の人形を動かす。その女性は、男に媚《こび》を売る。定住せずに、漂泊をしながら、傀儡たちはそういう生活をしていると匡房は書いています。しかしわれわれは十分に史料批判をした上でこういう記録を取り扱わなくてはならないので、匡房は何といっても院政時代の院の近臣で、出身は中流の貴族ですから、貴族の目で遊女や傀儡を見ているわけです。当然、貴族としての思い入れがそこにあることを十分考えておかなければならないと思います。

そういう角度から、改めて確実な史料を通じて遊女、傀儡について調べてみますと、その実態は匡房のいっているのとは大分違っています。ごく簡単に述べますと、実は、遊女・傀儡の地位は、十四世紀ころまでの日本の社会の中ではかなり高かったと思うのです。遊女の集団は、当時の朝廷の官庁、多分内教坊《ないきょうぼう》あるいは雅楽寮《うたのりょう》という官庁に統轄されていたと見られます。遊女は宮廷に呼びだされて、それ自身の芸能で奉仕する天皇家直属の芸能民だったわけです。

たとえば、後藤紀彦さんの明らかにされたことですが、鎌倉時代のごく初めの『右《う》記《き》』という、仁和寺の御室《おむろ》の守覚法親王《しゅかくほっしんのう》の記録にも、遊女・白拍子《しらびょうし》は、「公庭《こうてい》」―朝廷に属するものだとはっきり書いてあります。ですから、遊女の和歌は、勅選和歌集にたくさん出てきますし、十四世紀、つまり南北朝前期のころまで、貴族たちは自分の母親が遊女・白拍子の出身であるということについて、何らひけめを感ずることなく堂々と系図に書いています。『尊卑分脈《そんぴぶんみゃく》』という系図集を見ますと、そのころまではそういう記事がたくさん見られ、滝川さんもそのことには気づいておられます。従一位太政大臣にまでなった徳大寺実基の母親は舞女夜叉女《やしゃめ》、つまり遊女です。そういう事例は枚挙にいとまがないと言ってもよいくらい見出すことができます。

また、傀儡の場合も国家から正式に給与をもらっている事例が、確実な史料に出てくるので、伊予国（いまの愛媛県）の国衙《こくが》（当時の県庁）から給与として田地（当時は俸禄で月給をもらうのではなくて、田地が給与となる）を与えられている傀儡が見られます。これは傀儡が国衙の何らかの行事の際、その芸能で奉仕をしていたことを物語っています。この傀儡と並んで鍛冶、番匠《ばんじょう》、轆轤師《ろくろし》のような手工業者が、同じくらいの田地を国衙から与えられて奉仕をしていることがわかりますので、その当時の傀儡は、滝川さんのおっしゃるような、流れ者の朝鮮人として日本の社会の中で差別を受けて賤視されていたなどということは、全く考えられません。傀儡は手工業者や、荘官、在庁官人と同じ待遇をうけていたのです。

これも有名な話ですが、「傀儡の目代《もくだい》」の話が『今昔物語集』に出てきます。伊豆《いずの》国《くに》の国守《こくしゅ》が目代―事務局長を雇おうとして人を探していたところ、たまたま有能な、よく物も書けるし、計算もできる人がいたので、その人を雇って目代にした。ところが、その目代が、広い庭を前にして事務をとっていたら、そこに傀儡の集団がやってきて、大変面白おかしく歌い、かつ踊り始めた。その傀儡の拍子は三度拍子と言われているので、おそらく「トントントン」というような拍子だろうと思うのですけれども、そのうちに目代のはんこを押すリズムがその傀儡の音楽に合せて、三度拍子になってしまった。はんこを「トントントン」と押したのだろうと思いますが、とうとう目代は傀儡の歌に合せて踊り出してしまった。彼は傀儡出身だということがばれたわけです。その日は彼は恥ずかしくなってどこかへ逃げてしまったのですけれども、ところが、その後も伊豆守は、この目代を「傀儡目代」と渾名《あだな》をつけてからかいながら、ずっと最後まで召し使ったというのです。

傀儡のリズムが、ふつうの歌のリズムと違うということは、その芸能を考える上で面白い問題で、匡房が傀儡を狩猟民といっていることと関係してきますが、この話からみて、傀儡を当時の社会の中で差別されていたと見ることは、全く事実に反していると私は思います。もしそうだったら、目代になり、傀儡出身であることが明らかになってもその地位を保ちつづけているはずはないと思うのです。

穢れと差別

ところが、十四世紀以降、南北朝の内乱に入る前後から遊女に対する差別が明らかに進んでまいります。たとえば南北朝期に入りますと、京都の町の中に「遊女屋」「傾城屋《けいせいや》」が集まっているところが出てくる。それまで水辺を船で動いていた遊女が、京都の町に「屋」を持ち、そこに根拠を置くようになった。そのころ道で客を取る遊女を「立君《たちぎみ》」といい、屋を持つ遊女を「辻子君《ずしぎみ》」といいますが、辻子君の集まる辻子は「地獄辻子」「かせ辻子」と呼ばれています。「かせ」というのは女陰のことで、差別的な意味がこめられていたのだと考えざるをえない。遊女たちに対するそういう呼び方が、十四世紀後半から明らかに現われてくるのです。もちろんそのころも、遊女の十四世紀以前のあり方がすぐに消えてしまうわけではありませんが、貴族の系図を見ましても、十五世紀の系図には、もはや遊女が母親という記事は出てこなくなります。明らかにそのころ遊女の地位に大きな変動が起こったということを考えざるをえません。

江戸時代の遊女にもある種の誇りを持った遊女がたくさんいたようで、そこに十三世紀以前の遊女の残影が見られます。しかし、そのころの遊女は遊郭にとじこめられ、そこは「悪所《あくしょ》」と言われて、社会的に疎外され、差別をされていたことは、ご承知の通りです。問題はなぜそうなってきたか、というところにあるので、ここに実は日本の歴史を考える上での非常に大きな問題があるわけです。これについては、いろいろ議論があり、私の考えは、その中の一つにしかすぎないわけですが、私はいわゆる被差別部落の直接の源流がはっきり姿を見せるのは、やはり遊女が差別をされ始めるのと時期を同じくしていると考えているわけです。

一体、なぜ被差別部落が日本の社会の中に現われてきたかという問題については、そこに本当にいろいろな議論があり、単純ではないのですけれども、現在の学界では、そこに穢《けが》れに関わる問題があることはほぼ認められているといってよいと思います。

穢れに対する忌避は世界的に見られることで、人間の死あるいはお産、つまり自然と人間の安定した秩序の変動に関わっています。つまり、いままでだれもいなかったところに人が現われるお産、あるいはいままでいた人がいなくなる人の死。そこで自然と人間の間の秩序の均衡が大きく揺れざるを得ない。ここに穢れの意識が出てくるようで、人に飼われている牛や馬も、人の延長としてその死や屠殺が穢れと考えられたのだと思います。こういう考え方自体はきわめて古くからあり、世界的にも、ギリシャ、ローマ、あるいはイスラム世界でも確認されているようですが、日本列島のある部分においては——後で述べますが、沖縄や北海道のアイヌ社会には被差別部落はないと、言ってよいと思います——ある時期からこういう穢れを浄《きよ》める仕事に携わる人びとが、穢れに関わるがゆえに「穢れ多し」とされて、集落をつくり、差別をされるようになっていく。このことが大変に大きな問題であるわけです。

いま述べましたように、穢れた事態が起こりますと、これを何らかの方法で祓《はら》い、浄めなくてはならない。これは日本の社会のみならず、広く人類の社会にも見られることで、人の死んだときには喪に服する、あるいはお産をしたときに沐浴するとか、さまざまな方法で穢れが祓われなくてはならないわけです。当時は人の犯す罪、殺人の罪は、やはり人の秩序に変動を与えるという意味で、やはり穢れと考えられておりました。ですから罪の穢れを浄めるためにも、何らかの祓いが行われなくてはならない。つまり祓物《はらえもの》を神に捧《ささ》げることによって、穢れた事態を元に回復する。あるいは穢れた本人を追放してしまうという形で浄めが行われたわけであります。しかし私は、日本の社会において少なくとも九世紀までは、穢れの浄めを特定の集団にやらせるようなことは確実になかったと言えると思います。

「悲田院」と非人

「悲田院《ひでんいん》」という救済施設が奈良時代に国家によってつくられたことはご存じの方も多いと思いますが、ここには身寄りのない病人や捨子が収容されました。ところが、江戸時代以降、その「悲田院」は、西日本、特に畿内では被差別部落の問題と深い関わりを持ってくるようになります。

しかし、九世紀まで、「悲田院」に収容されていた孤児の成人した人、あるいは、病気がなおった人は既存の戸の戸主の養子となったり、あるいは独立した一戸をつくって、戸籍に登録されて、平民と同じ扱いをうけています。「悲田院」に養われていた人びとが新しく一戸をなして、戸主を決め、京都の戸籍に登録されたという記事が『三代実録』に出てくる。ですから、当時の「悲田院」に養われていた人びとは、そこを出れば一般の平民と全く同じく、戸籍に名前が載せられたわけなので、とくに差別されていたとは考えられません。

ただしかし、平安時代前期の終りごろ、九世紀中葉に、「悲田院」の人たちに河原を清掃させるということが行われています。当時河原は墓地、葬地で、そこに死体を放置して、葬ったので、河原には人のどくろがいっぱい散らばっていたのです。それを清掃しなければならない。そのときに「悲田院」の人びとが給与を与えられて、河原の清掃を国家によってやらされたという事例が出てきます。

実はこの辺から新しい問題が出てくるので、当時「悲田院」は国営で、「悲田院」の維持費は国家が給付していたのですが、九世紀の終りころには、律令国家自体が大分あやしくなってきますので、「悲田院」を国家的な機関として、維持することが難しくなってくる。そうすると、「悲田院」に収容されている人びとは生活のために、自分でなにかの仕事をしなければならなくなってきます。これはほかの官庁や機関についてもみな同じなのですが、「悲田院」の場合、そこに収容されている病人、孤児、生活に困っている身寄りのない人びとが、穢れの「清目《きよめ》」を一つの仕事とするようになっていったことを、いまの事実はわれわれに教えてくれていると思われます。さらに十世紀から十一世紀にかけて、「悲田院」にも収容されなくなったそういう人びとを救済しようという、聖《ひじり》あるいは上人と言われる僧侶の関与がそこにありまして、非人、乞食《こつじき》と言われるような人びとの集団が十一世紀半ばごろになると、畿内―京都、奈良を中心に、まず姿を現わしてきます。

西日本には十二世紀から十三世紀にかけて、各地にこういう非人の集団が見られるようになってくるのですが、この人びとは長吏《ちょうり》に率いられた自立的な集団をなしております。「長吏」という言葉は時代がくだりますと、明らかに差別語として使われる場合が出てきますけれども、本来この言葉はたとえば三井寺の長吏のように、人間集団を統括する人の称号です。遊女の場合の「長者」も、東寺長者などのように僧侶などの人間集団の統括者の意味なので、とくに差別語ではありません。それはともかく、長吏に率いられた「宿々の非人」――宿は非人の根拠地ですが――の集団が、十二世紀には史料にはっきり見えるようになってまいります。

この人びとが、先ほど述べました浄《きよ》め―清目、つまり葬送や清掃、さらに罪の穢れを浄める機能を持った刑吏としての仕事、罪人の宅を壊し、人を追放する、あるいは人を処刑するような仕事に携わっていたことも、確認できるようになります。

一方、これとは別に、牛や馬の死体の処理、その皮革の加工、細工に携わり、河原でそういう仕事をする人びとの姿も、平安時代後期には見られますが、その人びとの集団は「河原人」「河原者」と言われています。非人とこの河原者の集団とがどういうふうに関わっていたかという点については、まだいろいろ議論があり、必ずしも学者の間で意見が一致しているわけではないのですけれども、深い関わりを持っていたことは、ほぼ認められていると思います。

これからの話は私の考えなので、意見の違う学者もたくさんおられるわけですが、私は先ほど言いましたように、遊女の社会的な地位がかなり高かった時期、つまり十四世紀ぐらいまでは、非人にせよ、河原者にせよ、まだ社会的に固定化された差別、賤視を受けてはいなかったのではないかと考えています。

なぜかと言いますと、非人や河原者、特に非人の場合にはっきりとわかりますけれども、京都の非人の集団の重要な根拠地の一つは清水坂ですが、そこの非人は当時「感神院」と呼ばれたいまの祇園社に所属をして、「犬神人《いぬじにん》」という称号を持っていました。それとともにこの人びとは比叡山延暦寺の釈迦堂の寄人《よりうど》という地位も持っていたこともはっきりわかっています。つまりこれらの人は神社の神人、寺院の寄人という立場に立っていたわけです。さらにまた京都―洛中洛外の非人の集団は、検非違使《けびいし》庁という天皇直属の官庁を通じて、天皇にも直接統轄されています。これは大体、多くの学者が認めているところだと思いますが、非常に重要なことは、こういう人びと、非人がいわば天皇や神仏―天皇もこの時期にはまだ神に近い存在という側面を完全に失ってはいないので、そういういわば聖なる存在と直接結びついており、それ自身、聖別された存在だったとみられる点です。

神の奴婢・仏の奴婢・天皇の奴婢

ここで、ようやくきょうのテーマに関係してくることになりますが、非人あるいは遊女は、天皇、神仏そのものに直属するという地位にあった人たちだったのだと思います。つまり神の奴婢《ぬひ》、仏の奴婢、天皇の奴婢ということになるので、「神奴《しんぬ》」「寺奴《じぬ》」などと史料によく出てきますが、そういう聖なる存在に直属する人びとは、神人、寄人、供御人《くごにん》（天皇の直属民）という称号を持っておりました。「犬神人」といわれた非人もその一事例ですが、もちろん非人のみではなく鍛冶、番匠、鋳物師、その他さまざまな手工業者、さらに遊女や白拍子、猿楽のような芸能民、こういう人びとが非常に広く、天皇に直属する供御人や、神仏に直属する神人、寄人になっているわけです。

この人びとは一般の平民と区別され、平民にはできない職能を持っていました。その職能が何らかの意味で普通の人の能力を超えたものと考えられていたことも、その背景にあると思うのですが、ともあれ、そういう職能を持った人びとは神に直属する神人、仏に直属する寄人という立場に立っていたのです。ですから、非人や河原者の社会的な身分は、実はこういう商工業者や芸能民と本質的には同じと考えることができると私は思うのです。

確かに「犬」という言葉が「神人」の上につけられている点には、考えるべき問題があります。犬は境界的な動物とみられますので、犬神人は神人の中ではやや特異な立場にあることは事実です。それから非人という言葉も、仏教の本来の意味は鬼神などをさしており、後年の差別的な意味での非人とは意味がかなり違いますけれども、ともあれ、この人びとがどうしてそういう名称で呼ばれたかということは、注意しておく必要があります。差別の萌芽、徴候がそこに現われているのを読み取ることは可能だと思いますけれども、しかし、社会的な身分としてみると、非人と言われた人びとは、神仏に直属して、「清目」という大事な職能によって神仏に奉仕するのを自分の使命としているので、その点では、他の神人たちと同じなのです。

実際、鎌倉時代の非人たちは自分たちの書いた訴状の中で、そういうことを堂々と恥じることなく発言しています。掃除や葬送に携わることも、社会のために必要な仕事として、当然立派な仕事であるということは当然のことですが、鎌倉時代、非人自身の書いた訴状の中で非人たちは、自分たちの仕事は神、仏に仕える非常に重要な職掌なのだ、ということを胸を張って主張しているのです。この点からみて、この当時の非人には、賤《いや》しめられたものの負わされた差別の影はまだないと言わなくてはなりません。

なぜ非人が、このような姿勢をとりえたかということは、先ほど申しましたように、非人が聖なる存在―天皇、神、仏に直属していたというところに、その根拠があったと考えることができるので、非人のみならず、一般的に供御人、神人、寄人と言われる人びとは、聖なる存在に直属する者として、その人びと自身がやはり聖なる存在として一般の平民から区別されていたわけです。

供御人、神人、寄人―商工業者、芸能民から遊女、非人を含む天皇、神仏の直属民は、一般平民の負担する課役は免除されております。そのかわりに、それぞれの芸能を通じて天皇、神仏に奉仕をするということになるのですが、関所や津泊などの港でも交通税を免除されて、諸国を自由に通行することができました。鋳物師や轆轤師のような商工業者をはじめ、生魚売りの商人、廻船人などはみなこのような特権を広く認められていたので、この点は、非人、遊女も全く同じだったと考えられます。

また、衣服や、持ち物についても供御人、神人たちは一般平民とは違う衣装を身につけていることが多いのです。それは自分自身が天皇、神、仏の直属民であることを視覚的に示したので、神人の場合には、黄衣《こうえ》を着ています。ですから、逆に神人の身分でなくなると、黄衣を返上しなければならない。また奈良の春日神社の生魚売りの神人の場合には、神に捧げる魚―供菜物《くさいもの》を入れた桶《おけ》を頭に戴《いただ》いていたようです。これは女性の神人ではなかったかと私は思うのですけれども、この供菜桶もやはり神人としての特権を象徴する持ち物だったようです。

それから、非人の場合にはしばしば柿色《かきいろ》の衣、あるいは青灰色の衣を着て覆面をする。これは犬神人の姿として絵巻物などによく現われてきます。しかし、柿色の衣は、この当時は非人だけではなくて、山臥《やまぶし》をはじめ、しばしば他の聖なる集団が身につけていることもありますし、覆面にしても、たとえば山僧《さんそう》が朝廷や幕府に対して嗷訴《ごうそ》をするとき、普通に用いられた姿です。なにか特異な非日常的な場面で覆面をすることは、しばしば見られたことで、これも決して非人だけの衣装というわけではありませんでした。

聖なるものの権威

そう考えてみますと、確かに中世前期の非人は、先ほど述べましたように「犬神人」と言われたり、あるいはその職能が穢れの「清目」であり、「非人」と言われたことなどを見ると、神人、寄人の中でも特別な存在として区別され始めていたということは、言えると思うのですが、一面では一般の神人、寄人、供御人と同じように、天皇や神仏など聖なるものに結びついた、それ自身聖なる人びととして一般の平民から見れば畏怖《いふ》、畏敬《いけい》の対象でもあったと思われるわけです。

この点、山臥をはじめ、ほかの神人の場合も全く同様であったと思います。神人はよくご承知のように、大体十世紀ごろからしばしば神輿《みこし》をかついだり、あるいは神聖な木である神木《しんぼく》を持って朝廷に嗷訴をいたします。そういう場合に神輿や神木を持った神人に手をかけることは、大変な神罰を受けると、当時は考えられていたので、神社の方も、そういう聖なるものの権威を利用して、現実的な利益を通すことを盛んにやっております。実際、神輿をかついだ神人を殺傷しますと、その下手人である武士は当時として最も重い罪科に処せられてしまう。ときによって死罪にされたり、最も重い流罪《るざい》である遠流《おんる》の処罰をうけた武士のいたことも、平安末期から鎌倉期にかけて、いくつも事例を見出すことができます。つまり、神人や供御人それ自身、神聖な存在であると自らも思い、周りからもそう思われていたわけです。

この点は非人の場合も同様であったと私は思うので、だからこそ先ほど申し上げましたような住宅破却などの刑罰を執行する場合、非人は、聖なるものに仕えるものの職掌の執行者として他から妨げられることなく、それを遂行していたのだと考えられます。やや唐突ですが建武の新政でよく知られる後醍醐《ごだいご》天皇が、鎌倉幕府を倒す挙兵に当って、非人の集団を動員して、それを自らの直属の武力にしていたことは確実です。建武新政府が出した法令を見ていますと、天皇の清浄の原点であるべき内裏《だいり》に「異形の輩《やから》」が出入りをしていたという事実をはっきり確認できます。おそらくこの「異形の輩」の中には覆面をしたり、足駄をはいたりした非人もいたと思われるので、建武新政府の天皇の居所―内裏には非人も出入りしていたのです。

この事実を見ても、少なくとも南北朝前期までの非人は確かに神人として、平民とは区別される存在であったことは事実ですが、その区別の理由は、神人、供御人と同じく神や仏あるいは天皇に直属するという点で区別されていたのであり、社会的に固定的な賤視を受ける存在では決してなかったと思うのです。

それから、供御人、神人、寄人には、非農業民―農業以外の生業に携わっている集団が多いので、津《つ》や泊《とまり》―港に根拠を持つ人が多いのですが、先ほど述べましたように非人の根拠地は、非人の宿《しゅく》と言われております。この宿への出入りはこの当時には自発性があったようで、たとえば癩の病いにかかった人がいた場合に、宿の長吏が一般の在家《ざいけ》にいる人びとをむりやり宿に引き入れてはいけない、本人の意思に任せよとされていますので、宿の出入りはやはり自発性をその根本としていたのだと、私は考えております。またこのころ、非人の子供は非人となったのかどうかも大きな問題で、いまのところよくわからないのですが、江戸時代とはその点でもちがっていたとみてよいと思います。なお、述べるべきことはたくさんありますが、ともあれ、南北朝の動乱以前までの非人の集団は、ほかの神人と同じく、平民と区別された存在ではありますが、畏敬、畏怖の対象であった一面もあり、賤視の下に固定化されてはいなかったと思います。

南北朝の動乱以後の社会

ところが、南北朝の動乱を境に、十五世紀に入りますと、遊女のみならず、非人に対する差別もまた、固定化し始めます。たとえば非人の宿についてみても、鎌倉時代までは、「宿」という字を使っております。「宿駅」の「宿」と同じ普通の字を使っているのですが、十六世紀ごろから「夙《しゅく》」という字を非人の「宿」に関しては使うようになっております。畿内周辺にこうした「夙」がみられるのですが、これは明らかに非人に対する差別が現われてきたことを物語っています。そして十四世紀には非人・河原者に対し、穢れが多い人びとの集団として、明らかな差別語であります「穢多《えた》」という言葉も一部で使われはじめるのです。

このころになれば、非人や河原者も田畠《てんぱく》を耕作している場合もあり、集落をなしていることもあります。西日本では同一の職能の人びとが集落をつくることが多く、鋳物師や鍛冶の集落もあるのですが、非人や河原者もそれと同じく、職能集落をつくった事例も見られます。十五―十六世紀になりますと、そういう非人の集落全体が差別の対象になり始めたことをうかがわせる史料も出てくるのです。ですから、十四―十五世紀は、非人や遊女に対する差別が、明らかに社会の中に根をおろしはじめたといってよいと思います。

では一体なぜ南北朝の動乱以後、遊女や非人の地位が決定的に低落したか、なぜ賤視されるようになったか。それはこの動乱を境に天皇、神仏の権威が決定的に低落したことと表裏をなしていると考えられます。こうした神仏の権威の低落は、もちろん広く深い社会的な変動の中から起こってきたことで、十三世紀の後半以後、金属貨幣が社会に深く浸透・流通しはじめるとか、読み書き、計算の能力が庶民にひろがるとか、さまざまな社会的な発展を背景にしているのですが、ともあれ、南北朝の動乱は、琉球及び北海道を除く日本列島の主要部を統合していた権威、その権威の構造・性格そのものが大きく変動した時期だと考えることができます。

というのは、当時東日本を統合していた鎌倉幕府――私はこれを東の王権と言ってもいいと思うのですが――をまだまだ生命力があったと思われるのに、後醍醐天皇が倒して新しい建武政府をつくる。この政府は、きわめて異様な政府で、後醍醐は天皇の権威と権力を極端にまで高めようとしたのですが、それもわずか三年ぐらいでひっくり返ってしまう。この三年間、「二条河原落書《にじょうがわらのらくしょ》」が「此比都ニハヤル物　夜討強盗謀綸旨」といったような、きわめて異様な事態を京都に現出させて、自らも倒壊する。いわば当時の日本国を統合していた幕府と天皇の二つの大きな権威が、一挙に壊れたわけです。しかも壊れかたが尋常でない。後醍醐天皇が、古代からの天皇制の伝統を背景にして、異様なほどに天皇の権力を強めようとしたのですが、そういう王権が一挙に崩れたわけで、これは本州・四国・九州の社会を統合する権威のあり方を大きく変えることにならざるをえなかったのです。

先ほどふれたような、社会的な条件を背景に、六十年間も内乱が続いたのは、この崩壊の後に、それに代わる新しい権威をつくり出す、新たな社会統合の権威をつくり出すことが、いかに困難であったかということを、よく物語っております。足利義満が、やがて南北朝の動乱を収束いたしますが、義満にとって、日本国、特に西日本の社会を統合するために、天皇の権威だけでは、もはや不十分なので、明の皇帝から日本国王という地位に封ぜられて、初めて義満は西日本の社会の統合という課題を達成することができた。つまり義満は中国皇帝と天皇に両属する形になっているのです。

神仏の権威の低落

実際この動乱の中で、神仏の権威を含めて天皇の権威が著しく低落し、天皇は実権をほとんど失って、儀礼に携わる役割を主として担うようになってくることは、よく知られている通りですし、神仏の権威の低落について触れますと、先ほど述べました神人の嗷訴は、南北朝の動乱を越えるころになると激減し、ほとんど起こらなくなってきます。義満は洛中の酒屋に課税しますが、以前だったら、これは必ず嗷訴が起こったと思われます。洛中の酒屋・土倉《どそう》は延暦寺の僧侶—山僧あるいは日吉《ひえ》神社などの神人なので、鎌倉時代にそんなことをやれば神人の嗷訴が起こったに相違ありません。事実、後醍醐は酒屋への課税を試みて、大寺社の反発をうけ、それを貫徹できなかったのです。それをとにかく義満はやり切ることができたのです。実際、嗷訴も起こっていません。

この事実そのものが、鎌倉時代から南北朝前期まではなお強力だった、聖別された存在としての神人の背後にある神仏の権威の低落をきわめてよく物語っていると思うのです。それ故、室町期になると神人や供御人は、もはや天皇や神仏の権威だけに依存していたのでは、自分の職能、社会的な地位を保つことができなくなってきます。ですから、当然守護大名や戦国大名などの世俗の権力に結びついて、たとえば商工業者の場合には、かつて持っていた特権を保証してもらい、活発化した商品貨幣流通を通じて富を積んでその地位を保っていくことにつとめるわけで、そういう人びとの動きの中で、中世の都市が生まれてきます。

ところがそういう聖なるものの権威の転落、権威の構造の大きな転換の中で、天皇や神仏の権威に依存するところが大で、しかも職能や芸能そのものの性質が、たとえば非人のように社会的に忌避される穢れと結びついていたり、あるいは遊女のように、これまた、鎌倉末期以来から、これを社会の奥底に抑圧しようとする動きが強くなりつつあったセックスそのものを職能としている集団の場合には、社会的な賤視の中にいや応なしに置かれることにならざるをえなくなった。つまり聖別された存在から賤視の方向に差別された存在への転落が、はっきりここに現われてくるわけです。

それ以前、聖なるものと見られて、その点で平民から区別されていたが故に、差別、賤視の対象となる。聖から賤への転落、区別の差別への変化がここにおいて非常にはっきりと現われてくることになる。こうして十五世紀以降、これらの人びとに対する差別が社会的に次第に定着していきますが、江戸幕府は、それを体制化してしまう。遊女は遊郭にとじこめ、非人・河原者は被差別部落におしこめてしまったのです。それは現在もなお尾をひいているわけですが、こう考えてくれば日本の社会におけるこうした差別が、日本の社会の、大きな転換の中で生じてきた歴史的な問題であることは明らかで、このことをわれわれは十分に知っておく必要があると思うのです（この転換の過程での新しい仏教の果した役割については、後に述べる）。

多様な列島社会で

先ほども述べましたけれども、日本列島の社会の中で非人、河原者に対する差別の問題は、決して一様ではありません。安良城《あらき》盛昭《もりあき》さんが証明されている通り、沖縄には被差別部落、牛や馬の屠殺などに関わる江戸時代以来の被差別部落は、存在しない。沖縄の習俗は中国と深い関わりがあり、豚を食べますので、こういう形の穢れは問題にならない。また沖縄はかつて琉球王国という天皇とは全く別個の権威を独自に持っていたのですが、先ほどのような転換を経ないままに、近代社会に入りこむので、社会的に見ても差別を発生させるような要因は、この社会では起こらなかったのだと思います。ただごく一部、九州あたりから移ってきたと見られる芸能民が差別されていたようですが、これはごく少数で、現在はすでに消えていると安良城さんは言っておられます。

北海道のアイヌの社会においても同様だと思います。しかしそれだけではなくて、東日本と西日本とを比べてみましても、これは十分に正確な統計ではないとは思いますが、東日本においては、全体としてみると、西日本に比べて、被差別部落の数と人口は非常に少ないのです。しかし、東日本に差別問題は存在しないと言った方もいるようですが、これは完全な間違いで、東日本においても、もちろん差別問題は厳然と存在しているわけです。ただ、西日本に比べると、その数が少なく、そのありかたに差異のあることは確かです。

たとえば、先ほど申しました「夙」という字も東日本では見られないのです。また東日本では非人の宿は中世ではまだ確認されておりません。そういう東日本と西日本の社会の違いの根はかなり深いようで、たとえば狩猟は西日本でももちろんしていますけれども、東日本は動物を狩ることは非常に盛んで、殺生に対するタブーは東日本の方が稀薄だと言われております。

それから、東日本には供御人、神人、寄人という神、仏の直属民が非常に少ないのです。もちろん鎌倉をはじめ、京都とつながりの強いところでは見出すことができますが、史料の上にはごくわずかしか出てきません。実態としてもおそらく非常に少ないのではないかと私は考えています。

それはどうしてなのか。これまた、まだ解けていない問題でありますが、おそらく聖なるものの権威の構造のあり方が、西日本と東日本では若干異なっていたのではないか。日本列島の中で、沖縄は琉球王国という独自な権威を持っており、天皇と関わりを持ち始めましたのはごく最近のことです。ですからここに「日の丸」「君が代」が浸透しないのは当然のことで、むりやりこれを押しつけるのは、まことに権力的で、すべきことではないと私は思うのです。それと同様に、東日本人と西日本人では、天皇に対する考え方、あるいは将軍、さらには神仏に対する考え方、つまり権威に対する考え方がかなり違うのではないかと考えられます。そして、被差別部落の問題も、それと表裏をなしているのではないかと思います。

この問題はすべての日本人が真剣に考えなくてはいけない問題だと思いますが、ただしかし、どこでも一様な方法で、この問題を処理しようとすると、私は必ず間違いが起こると思います。その地域の歴史に十分に即した形で綿密かつ冷静に細かく神経を使って事実を調査し、日本の社会の中に巣くっている差別の問題を一つ一つ取り除いていく、そういう姿勢が、学問をしようとしているわれわれにとっては必要だと思います。

中世における悪の意味について

均質でない社会

九年前にやはりこういう機会をお与えいただきまして（前章「中世における聖と賤の関係について」）、こちらに伺ったことがございます。人権問題について話をするのは、私などあまり適当でないような気もいたしまして、ご辞退しようと思ったのですが、中央大学とはいろいろなご縁もありますので、こういう題でお話をしてみたいと思います。

われわれは日本の社会や日本史について、日常それなりに理解をして生きているわけですけれども、これまで日本史の常識と考えられていたことの中に、意外なほど怪しげなことが多いということを、このごろ私は痛感するようになりました。幾つかそういう問題点についてふれてみたいと思います。

われわれは何となく、日本の社会は均質でどこに行っても話が通じるし、日常、言葉が通じないで苦労するようなことはないと思っております。

ところが、実際に本気で考えてみますと、日本の社会が均質で、どこに行っても話が通じるというのは明白な誤りであることが直ちにわかります。現在の日本国の範囲――北海道、本州、四国、九州、沖縄を見渡してみて、それぞれの地域でさまざまな違った個性がありますし、話も全く通じないという経験をお持ちの方もおそらくおいでだろうと思います。

私が青森の津軽の十三湊《とさみなと》という、最近発掘が行われて、大きな都市の跡が出てきたところに行ったときのことです。夜の九時ごろ民宿に着きましたら、その民宿のおじさんが、すっかり酔っぱらって私を迎えてくれました。大歓迎をしてくださっているようなのですが、おっしゃることが何一つわからない。本当にあんなに困ったことはありませんでした。仕方なく、青森の方に「通訳」をしていただいて、ようやく話をすることができました。おそらく、酔っておられなかったら、私のように東京から来た者にわかるような話し方をしてくれただろうと思います。しかし、酔ったときには人間同士、心が一番通い合うのかもしれません。そうだとすると、私は、十三湊の方と心からうちとけて、話はできないことになると思いました。

その後、「通訳付」で話をしたのですが、向こうのおっしゃることがよくわからないものですから、にやにやと意味のない笑いを浮べて、あやしげなお答えをするという状態で終始したのです。

同じような経験を鹿児島でもしたことがあります。バス停で待っていたら、女性のお年寄りが二人で非常に楽しそうに話をしていらっしゃいました。どんな話をしているのかと耳を傾けていたのですが、五分ぐらい聞いていたけれども、これまた全くわからなかったのです。これも私にとってかなりショックなことでした。

文字の世界ですと、私は九州の文書でも青森の文書でも、その土地の方が書いた文書を読むことができるのです。それで何となく日本は均質だと考えていたのですが、それが明らかに誤りだということを、このときぐらいつくづく感じたことはありませんでした。

これは、きょうの主題の一つである、いわゆる被差別部落、同和問題といわれる問題についても深い関わりがあることで、この辺から話をしてみたいと思います。結論的に言って、この問題は、日本列島の社会の中で非常な地域差があるのです。

ある荘園調査での体験

主題から離れた余談になりますが、私は東日本の山梨出身です。私が部落問題についてはっきり認識をしましたのは、大学二年生のときですから二十歳ぐらいのころです。それまで、島崎藤村の『破戒』を中学生のころに読んだことは読んだのですが、部落の意味がよくわからなかったのです。それで、祖母に聞きましたら、何やら話をしてくれたのです。山梨県にももちろん被差別部落はあるのですけれども、祖母も十分な説明はしてくれなかったように思います。

大学二年生のときに、私の恩師である寶月圭吾《ほうげつけいご》先生に連れられて京都へ、山城国《やましろのくに》の久世荘《くぜのしょう》という荘園のあった地域の調査に行きました。永原慶二さん、稲垣泰彦さん、杉山博さん、それに宇野脩平さんとご一緒でした。ところが、寶月先生が調査期間中に、被差別部落に古文書が伝わっているというお話を聞かれて、宇野さんのご希望もあって調査に行こうということになりました。私は何も考えずに、寶月先生にくっついていったわけであります。

多分、その村の庄屋をやっておられたのではないかと思いますが、そのお宅に伺って古文書を拝見することになりました。座敷に通されて、お茶やお菓子が出てきました。昭和二十三年(一九四八)のことで、そのころは食糧事情が非常に悪かったものですから、私は調査期間中、腹ぺこでがつがつしておりました。ですから、出てきたお菓子などをみんな食べてしまった覚えがあります。ところが、調査が終って帰ってきてからのことです。私と同行していた宇野脩平さんに、私はこの問題について初めて懇々と話を聞かされました。宇野さんには、後で日本常民文化研究所でお世話になったのですが、和歌山県のご出身で、部落問題には非常に関心をお持ちの先生でした。

「網野さん、今日の調査は大変なことだったんですよ」と宇野さんがおっしゃったんです。私はぽかんとしておりましたら、宇野さんは、寶月先生が何も意に介さず、文書をお持ちのお宅へ上がられて、出されたお茶を飲み、お菓子を食べられた、これは迎えた家の方々としては本当にうれしかったはずだと言われたのです。私はただ食べてきただけなので、全然わからなかったのですが、その理由については、懇々と宇野さんから話を聞きました。差別はそこまでもあるものかということを、そのとき初めて痛感したのです。

宇野さんの言われた通り、この事件は、その後、一種の「伝説」として京都、大阪方面に広がったという話を後で聞きました。私自身は被差別部落に即した明確な体験は、それが初めてでした。宇野さんのように和歌山県のご出身の方のお持ちの体験と私とでは、きわめて違うのだということをそのとき初めて知ったのです。そういう事実から見て、日本列島の社会は、決して均質ではないのです。

東と西の差異

まず最初に、地域差の問題に少しふれておきたいと思います。

これは、最近では常識になりつつあると思うのでありますが、まだ日本列島が大陸とつながっていた時期に、古モンゴロイドが東アジア大陸からまず入ってきたというのが通説です。旧石器時代以来、北からの文化が入っている日本列島の東部と、朝鮮半島経由で西の方から文化が流入してきた西部とでは、最初からかなり文化が異質だったようです。この地域差が、その後、弥生時代に農耕が始まって以後、さらにはっきりしてくるのです。

埴原和郎《はにわらかずろう》さんは、人類学の分野で、この問題について新しい見解を発表しておられますが、弥生文化が流入してから古墳時代まで七、八百年から千年ぐらいの間に、百万人以上に及ぶ人が西の方から日本列島に入ったのではないかと言われています。また埴原さんによると「列島東部人」と「列島西部人」――後で、なぜ私がこういう表現をするかについて、その理由を申し上げますが――の間の差異、現代の東日本人と西日本人、とくに畿内人の差と、朝鮮半島の人びとと西日本人、とくに畿内人との差異とどちらが大きいかというと、前者の方がむしろ大きいのだそうです。根拠は遺伝子などによるのだと思いますが、そうだとすると、東日本人と西日本人の間の差異は、かなり人種的な問題にまで及ぶとすら言えることになるのではないかと思います。

実際、西と東の差異は相当大きなものがあると思うのですが、日本国という国家はその条件の中で初めて成立するのです。

私は、神奈川大学の短期大学部で十五年ほど教えてまいりましたが、講義の一番最初に、必ず「「日本」という国の名前はいつ決まったのか知っていますか」という質問を発します。紀元前一世紀から世紀をあげて、全員に手をあげてもらうか、紙を配って世紀を書いてもらうのです。ついこの間、京都大学の経済学部で集中講義をしたときも、同じように学生諸君に聞いてみたのでありますが、多数派はないのです。いつも驚くのですが、これは、琉球大学でも同様でした。「日本」に対する意識は、沖縄、アイヌはもちろん、本州、四国、九州でもそれぞれの地域によって違うはずですが、この点については全く同様であります。紀元前一世紀から手があがり、一世紀、三世紀と奇数だけあげていきますと、三世紀でも手があがります。五世紀でも手があがる。七世紀でも手があがります。九世紀はあまりいませんけれども、十一世紀でまた手があがる。特に多いのは十五世紀です。そして、十九世紀でかなり手があがるという状態です。要するに「日本」という国の名前がいつ決まったかについては、だれも正確に知らない。

ここで皆さんに手をあげてもらう失礼は避けたいと思いますが、正直なところ、何も予備知識なしに「日本という国の名前がいつ決まったのか」と聞かれて、ぱっと答えられる人は日本人の中ではほとんどいないのではないでしょうか。

ところが、同じ大学に中国人の留学生がいまして、「あなたの国はどうですか」と聞いたら「私の国の名前は一九四九年に決まりました」と胸を張って答えるわけであります。日本人はだれも答えられない。

こういう事態が、実は大問題だと思います。だから、私は「日本」というのは国の名前なので、この国の名前が決まる前には「日本人」もいないし、「日本国」もこの世になかった。もちろん倭人はいたのですが、倭人は日本人と重なる部分もありますけれども、違う部分もありますので、やはりこの両者は厳密に区別する必要がありま す。だから聖徳太子と言われた人は倭人ではあるが、日本人ではないということを言い歩いており、大分あちこちから嫌われているようでありますが、私は、これは間違いないことで、本当にそうだと思います。

「日本」を相対化する

裏返していうと、われわれは日本という国の名前を替えることもできるのです。何国になるかもちろんわかりませんけれども、われわれの総意で、かつて一部の支配者が決めた「日本」という名前を捨てて、別の国名を決めることだってできる。その時点で「日本人」はこの地上からいなくなります。もちろん、私は「今すぐ替えろ」と言っているわけではありません。千三百年も続いてきた国の名前を替えるのですから、そう簡単に替えるわけにもいかないでしょう。しかし、替えたければ替えられるのだということをはっきり認識しておく必要がある。「日本」をわれわれが客観的に相対化して知ることが、自分自身を知るための一番の基本だと思います。

この点で、現在の日本人は実にぼんやりとした認識しか持っていない。そこからいろいろな問題が出てくると思うのです。

「日本国」という国名は、七世紀末から八世紀初めに決まるのだと思います。浄御原《きよみはら》令《りょう》という令が決まった六八九年ごろだというのが今のところ、研究者の多数意見ですが、大ざっぱに言って、七世紀末から八世紀初めという点では一致していると思います。注意しておく必要のあるのは、その時点の日本国の領域には東北と南九州は入っていません。北海道、沖縄はもちろんです。日本国はその後、八世紀に東北と南九州を侵略するわけです。

日本が侵略をしたのは、決して明治以降の台湾、朝鮮半島あるいは中国大陸、さらに東南アジアだけではありません。日本国ができたばかりのころ、何も日本国に攻撃を加えたわけでもない東北人に対して、ただ国家の勢力を広げ、勢威を拡大するという理由だけで、日本国は軍隊を動員して東北に攻め込むわけです。当然、東北人は頑強にこれに抵抗します。南九州に対しても同様の攻撃を加えますが、「隼人」と言われる人びとは比較的早く日本国に従います。

これに対し、「蝦夷」と言われた東北人は頑強に侵略に抵抗しましたので、東北北部は日本国の中にはなかなか入りません。東北北部が完全に日本国の制度の中に入るのは十二世紀あるいは十一世紀の後半ぐらいからだと言われています。国、郡、郷の制度は、そのころまで東北には及んでいません。陸奥国が今の青森全体に及ぶのは、十二世紀ころと考えられています。

ですから、「日本国」に対する日本列島の各地域に住む人びとの関わり方は、最初から非常に違うのだということをよく知っておく必要があると思います。

かなり前のことなので、若い方はご存じないかもしれませんが、関西出身のサントリーの会長さんが「東北は熊襲《くまそ》の住んでいるところだ」と言ったことがありました。「熊襲」というのもひどい話で、熊襲は本来は中部九州の人たちのことなのですけれども、何を間違えたか、「東北には熊襲が住んでいる」と言ったのです。これは東北人の猛烈な反発を招きました。たまたま、私はその発言があってから、しばらくして仙台に行ったのですが、そのとき立ち寄ったバーのママさんが「ここにはサントリーは一本も置いていません」と言って、息巻いておられたことを覚えております。あのときは、東北の方々は本当に本気で怒っていました。「ああいう言い方を京・大阪の人たちはするのだ。ヤマトの人たちはああいうことを言うのだ」という意識が明瞭に東北の人たちの中にあることを私は体験しました。

同じ現代の日本人の中で、このように全く違った発想が地域によって出てくることに案外われわれは疎いところがあります。「何となく日本人、いつまでも同じ日本人」、こういう意識で何となく歴史を見ていたのでは、いけないのではないかと思うのです。このように地域によって、日本国との関わり方は随分違うのです。

「西日本」と部落問題

非常に大ざっぱに申しますと、本州、四国、九州の東部と西部ではかなり違います。北海道はごく一部を除き明治以前は日本国の領土の中には入っていませんし、沖縄も日本国の外にあったのです。それだけではありません。いろいろな議論はありますが、十二世紀の終りから十三世紀の初めにかけて、日本国の内部には二つの国家ができたと、私は思っております。

鎌倉幕府は完全な条件は備わっていないにしても、東国の国家という性格を持っておりますし、将軍は「王権」、「王様」と考えてよいと思います。ですから、天皇と将軍という二人の王様が日本国の内部にいたということができると思います。

さらに十四世紀を越えて十五世紀に入ると、沖縄に琉球王国が成立します。日本国王とは別個の、琉球国王の支配する国家が沖縄にできたのです。

また、これについてもいろいろな議論がありますが、北海道でも十五世紀に「夷千《えぞがち》島王《しまおう》」という意識を持った人がいたことは確実であり、実体はまだよくわかっておりませんけれども、北海道から千島を見渡した地域について、多少ともアイヌと関わりを持ち自らをその地域の王と表現する人が出てまいります。

ですから、十四世紀の動乱を越えて、十五世紀の段階には、琉球王国と日本国という並立した国家が列島に存在しており、「夷千島王」が朝鮮国王に使いを送って、「大蔵経」をもらいたいと言ってきたことも、はっきりした事実です。現在の日本国の領土である北海道から沖縄にかけての日本列島には、決して国家が一つであったわけではなく、複数の国家があったということを確認しておく必要があると思います。

先ほどなぜ「日本」「列島東部」などという表現をしたかというと、日本国ができていない時期に「日本」という言葉を使うのは事実に反しているからなのです。それは、日本人の歴史認識を混濁させることになるのではないかと思うのです。「弥生時代の日本人」とか「旧石器時代の日本人」などという言い方はこれまで普通に使われていました。考古学者の中には、むしろそう言った方がいいという方もいるようですけれども、私は意見が違いまして、弥生時代にはまだ地球上に「日本」は現われていない。だから「日本人」などという言葉を使って、紀元前からずっと日本人がいたように人びとに思わせてしまうのはよくない。事実にも反しているので、こうした表現は避けた方がよいと思いますので、あえて「日本」を避けて地名である「日本列島」という言葉を使っているのです。

しかし、もうこの段階では「西日本」と申し上げてもよいと思いますが、部落問題は琉球と北海道を除いた西日本に非常に濃厚であります。東日本にも、もちろんこの問題はさまざまな形であることは間違いありませんけれども、西日本に比べると状況は大分違うと考えざるを得ないのです。北海道のアイヌの世界には、こうした問題はないと思います。琉球では芸能民に対するある種の差別はあるようですが、主として穢《けが》れに関わる差別の問題は琉球王国にはないようです。議論はいろいろあると思いますが、現状でも、沖縄には部落問題はないと考えてよいと思います。

このような意味で、同じ日本人でありますけれども、部落問題について日本人の経験が非常に多様であるということを、最初に確認をしておく必要があります。しばしば差別語を無神経に使って批判されるのは東日本人に多いのでありまして、この問題について、東日本人は鈍感なのです。実際、あまり日常的に経験をしていないものですから、時々、失敗する。しかし、この失敗は人の心を非常に傷つける失敗ですから、取り返しのつかないことでもあるので、決して許されることではないのですけれども、そういうことの起こり得る条件は西日本とは違うと私は思います。

当時は「国電」と言っておりましたが、あるとき、大阪出身の近世史家と東京の日本史家が、電車の中で部落の問題を話し始めました。東京の人が「非人」「穢多」などと言い出したのです。声が少し大き過ぎるなと、私は思ったのですけれども、そのときの大阪の近世史家の反応は非常にきつかったです。「そんなことを関西で大声で言ったらどづかれるぞ」と強い口調で言われたと思います。そういう無神経なことを電車の中で平気で言ってしまうところが東日本人はあるのだということを考えておく必要があります。

私は、神奈川大学で教えておりますが、学生たちは同和教育をほとんど受けてきておりませんので、「同和」という言葉を知りません。ですから大抵、短大の講義では何回か、この問題についての話をするようにしております。中央大学では一貫してこの問題を取り上げておられますが、大変これは大事なことだと私は思います。

「悪」について

さて、「悪」という言葉を取り上げましたのは、私はどうもこれが差別の問題とどこかで関わりを持っているような気がするからです。

いろいろなところで触れたことがあるので、繰り返しにもなりますけれども、「悪」あるいは「悪い」という言葉は、われわれの常識の中で決して否定評価だけではないと思います。たとえば「ワル」などと言いますが、これは、完全に否定的な言い方かというと、決してそうではない。「あいつは悪いやつだ」と言っても「けしからぬやつだ」といって排除するわけではない。何か人の意表をつく、思いもよらない不気味な行動に出るということに対して「ワル」とか「悪」という言葉を使うことは現在でも残っていると思います。

おそらくこれは西欧文化あるいはキリスト教の文化の中での「善悪」の問題とはは

ずれる、取り上げ方ではないかと考えますが、こういう「悪」の用法は、厳密には申し上げにくいのですが、大体十一世紀から十二世紀ごろに用いられ始めるように思います。それ以前には「不善」「不善の輩《やから》」という言葉で言われていたのを、そのころからはっきり「悪」と言うようになってくるのです。

「悪」にはいろいろな用法があり、たとえば「悪源太義平」「悪七兵衛景清」「悪左府頼長」のように、しばしば人につけて使われることがあります。悪七兵衛景清は異常に強くて、人の力では及びもつかないような、この世ならぬ力に動かされている、異様な力を持っている人です。

また、藤原頼長は、保元《ほうげん》の乱という十二世紀の中ごろの京都を舞台にした有名な戦争のときの一方の当事者であり、左府は左大臣で、最高の地位まで上り詰めた人なのですが、彼の日記―『台記《たいき》』を見ていますと、この人が異様な性格の持ち主であることは明らかです。政敵を刺客をつかわして殺してしまうということは平気の平左ですし、「男色」―ホモの世界を自分で日記に書きつけています。これは、その面の研究のためには貴重極まりない資料ですし、現在ではそういう研究もきちんとした形で行われておりますが、自分の日記に「今日、あの男をかわいがった」というようなことを書いている。はっきりそう書いているのです。これも随分変っている、異常とも言えるわけであります。このように異様なほどの強烈な個性を持ち、学問も大変よくできる、そういう人をさす言葉が「悪」で、頼長は「悪左府」と呼ばれたのではないかと思います。

「悪」という言葉は、このように単純に「善悪」の「悪」ではなくて、常識的な生き方とは違って、人の力の及びもつかないような力に動かされている人、そうした人のあり方、生き方が「悪」と呼ばれたと考えられます。

たとえば、狩猟や漁労などの殺生の行為も「悪」と言われました。これは、単に食糧を求めるために生物を殺すというだけではなくて、狩猟や漁労の行為の中で一種の闘争本能を駆り立てられ、無闇に殺しまくるような狂気の世界に人を導く危険を持っているという側面で、殺生が「悪」というふうに言われた形跡があります。無闇に動物を殺しまくる人として源満仲のような武将が説話に出てきますが、そういう行為を悪といい、「大悪人」などと言われるわけです。人間同士の戦闘でも当時の戦闘のルールを踏み外した殺戮《さつりく》について、こういう表現がされたことは言うまでもありません。

ところが、それだけではないのです。十二世紀ごろから盛んに用いられた「悪僧」という言葉があります。これは、主として比叡山の僧侶などについて使われており、いわゆる「僧兵」――これは、当時の言葉ではありません――僧侶でありながら武器を持って殺生を行う、そうした僧侶の行為が悪と言われたことは確かです。しかし、どうもそれだけではないようで、この僧侶たちは金融、高利貸を行う。あるいは商業活動を通じて大きな利益を上げており、このことについても「悪」という評価が入っているようにも思えるのです。

当時の金融や商業は、いずれも神様や仏様と結びついていました。米や銭を貸す場合も、これが神仏のものであって初めて金融の資本となり、利息を取ることができる。物品の売買も、神様や仏様に近い場所としての市庭《いちば》に物を持ち出すことによって初めて売買ができるので、神や仏との関わり、人の力を超えたものとの結びつきが商業・金融にはあると考えられていたようです。そして、その範囲の中で限度を超えないで行われている限り、肯定される行為でありました。

しかし、それを超えて、「貨幣の魔力」、否応のない富への欲望に取りつかれて、限度を超えた高い利子を取り立てる、あるいは大変安く買って非常に高く売りつけるような行為に対して、これを悪と表現したのではないかと思うのです。これは、もっと詰めて考えなければいけないのですけれども、この点は、日本における商業や金融の問題、さらには商業・金融の本質を考える際にもかなり重要な問題になってくると思います。

さらに、悪党、悪僧と不可分の関係で結びついているのが博奕《ばくち》です。博奕は後で触れる悪党の行為として常に問題になるわけで、博奕は、始めるとのめり込んでしまう。こういう衝動はパチンコなどでもそうですが、やり始めると止まらないというところがあると思います。のめり込んだら大変なことになるのですが、このように人の力では制御できない点で、博奕を打つことが悪と不可分であると考えられていたのだと思います。その意味で「好色」と当時言われていたセックスも同様のようであります。それ故、博打《ばくち》と遊女は、悪党、「悪」の集団と不可分の関係にあると考えることができると思うのです。

穢れについて

それとともに、「悪」と深い関わりがあるのが「穢れ」です。穢れについてはいろいろな議論がありますが、これについては、私の同僚の山本幸司さんが『穢《けがれ》と大祓《おおはらえ》』(平凡社選書)という本を出しておられます。これをご参照いただきたいのですが、穢れは一種のサンクション(拘束)でありまして、実体のあるものではありません。粗っぽく言いますと、人間社会と自然との関係に、人間の力の及ばない何かの力によって、突然不均衡が生じる。たとえば、人の死、われわれの経験でも、家族の中で人が死ねば、今までの家族のあり方がガラッと変ってしまう。それが元に戻るまでにはかなりの時間がかかります。現在も通用している忌引《きびき》は、穢れの後の忌《い》み籠《ご》もりの期間の流れをくんでおり、死によって生じた穢れ、死穢《しえ》が消えるまで、この期間は謹慎した状態で身を守っていなければいけないという考え方があったのです。

人が新しく産まれる場合も同じで、これが産の穢れです。これに後に血の穢れも結びついてきますが、基本的には、お産によって新しく人が産まれる、社会の中に現われるわけで、ここに生じた不均衡が落ち着くまでやはり時間がかかる。これが産穢《さんえ》ということになります。

もう一つは、火事です。昔は火は人間にはどうしようもない力を持つと考えられていました。火事によって今まであったものが突然すべてなくなってしまう。そこから生ずる穢れが焼亡穢《しょうぼうえ》です。

また、家畜の場合、牛や馬さらには犬が、死んだり産まれたりすることも同じように当時の人びとは穢れと考えていたようです。平安時代にそれが非常にはっきりしてきますが、これは世界のどの民族にも同じようにある習俗だと思います。ただ、それに対する対処の仕方には違いがあるようで、特に、平安時代の京都での貴族たちの世界の、穢れに対するとらえ方として、よく知られていることですが、穢れは伝染すると考えられていたのです。

ある閉じられた空間——垣根の中、家の中で穢れてしまった人、たとえば、犬の死体が縁の下にあるのを知らないでいると、その家にいた人は穢れているのですが、それを知らないままで別の人の家に行きますと、その家の人も穢れてしまう。また、それを知らないで別の人の家に行く、特に物を一緒に食べたりすると、穢れが伝染していきます。閉じられた室内の中で何か空気伝染するような形で穢れが伝染していき、最初に穢れの発生したところが甲穢で、次が乙穢、次が丙穢。丙穢までは穢れが伝わりますけれども、丁はもはや穢れない、というようにだんだん穢れは薄くなっていきます。

ところが、川のように水が流れているようなところ、河原や道のような開かれた空間では穢れが伝わらないのです。ですから、河原に死体があり、それを見ても穢れないわけです。こういう不思議な感覚があったのですが、こうした穢れを清め、祓《はら》う力を持った人が社会の中にいて、それを職能とする集団が平安時代の後期、十一世紀ころから現われてきます。

たとえば葬送、死体の処理をするような仕事、あるいは家を打ち壊したり、首を切るような処刑を行う、また牛馬の死体を処理する。これはいずれもそこに生じている穢れを除去し、清めるという役割ですが、こういう役割を職能とする人びとが出現するのが平安時代の終りごろからだと思います。これについてはいろいろ議論がありますが、そこまでは大体認められていると思います。

「非人」、処刑を行う「放免《ほうめん》」――放免は一度罪を犯して放免された人びとです。牛馬の死体の処理を行っている「河原細工丸」、こういう人びとが平安末期から明らかに現われてきます。

その場合、非人が悪僧と言われたこともあると思います。非人は僧侶の姿をしており、特異な形の覆面をして柿色の衣という特別な衣装をまとっておりますが、こういう人びとが悪僧と言われたことがあるのです。

また、放免も「悪党」と言われたことがあります。たとえば、平安時代末から鎌倉時代には飛礫《つぶて》を打ち合う「結党の悪徒」という集団が活動しています。飛礫は普通五月五日にやるのですが、それ以外のときでも突然、石合戦を本気で始める「印地の党」という集団がおり、この人びとは「非人」や「放免」ともつながりが強かったと考えられております。

飛礫も、いわば否応のない何かの力に動かされるような行為で、石を投げ始めると止まらなくなる。今の若い世代はそういう経験はないと思いますが、かつて一九六〇年代後半から七〇年代にかけて、この大学でもそういうことがあったと思います。実際、古代、中世には飛礫は神の意志を表現する行為だというとらえ方があったと思います。

このようにこの時代の「悪」という言葉は、さまざまな意味で、人の予想のつかない、自分にはわからない何か否応のない力に動かされる行為、あるいは否応のないことから起こる社会と自然との関係の不均衡について、「悪」と表現がされたことに注意する必要があるのです。ただ、十二世紀から十三世紀前半には、確かに「悪」と言われる以上、否定的な評価が入り始めていたといってもよいのですが、しかし、それを肯定する動きもあったのです。

たとえば、殺生に携わる人たち、狩猟や漁労をする人びと、あるいは商業や金融に携わる人びとの中の有力者は、天皇あるいは神、仏の直属民の身分を与えられており、天皇に直属している人は「供御人《くごにん》」、神に直属している人は「神人《じにん》」、仏に直属している人は「寄人《よりうど》」と言われています。これは、そういう集団の有力者であり、本供御人、本神人である有力者のもとに脇供御人、脇神人として狩猟や漁労に携わり、商業・金融を行う人びとの集団が従っていたのだと思います。

いずれにしても、このような形で、供御人、神人、寄人という地位は制度的に保証されており、確かに一面で殺生や金融・商業について、ルールを超えて行うことについては「悪」という評価が表に強く出てきますが、神人という身分にあって、神の物を資本として動かして金融をしている限り、それは国家も認めているのです。

博打と遊女

博打と遊女も実は国家のどこかの官庁に所属していたことは間違いありません。このころの博奕は双六《すごろく》が普通ですが、最近、加賀国《かがのくに》（現在の石川県）の役所——国衙《こくが》の役職の中に「雙六別当《すごろくべっとう》」「巫女《みこ》別当」があったことがわかりました。双六打と巫女とは中世の前期には非常に関係が深く、いろいろなことで関係があったようです。「雙六別当」は明らかに双六打を統括している国衙の役職であり、多分、これは中央の朝廷においてもあったに相違ないと思います。どこの官庁かは明らかではありませんが、私は、陰陽寮《おんみようりよう》の可能性があると思っております。博打、双六打は神意を占う職能民として、この当時の国家はこれを認め、官庁に組織していたのです。巫女はもちろんですが、遊女の場合も、朝廷のいろいろな行事にかかわっております。この時期の博打や遊女は、いわば下級の役人といってもよいような立場にいたことになります。

余談になりますが、巫女と博打との結びつきは、お産のときに一番はっきりとわかります。お産のときには、巫女が妊婦に悪いものが行かないように「物の気《もののけ》」を排除するまじないをしているのですが、お産のときに必ず双六盤が置いてあり、巫女が双六のサイコロを振っています。博打が来てやっているわけではないのですが、どうもこういう呪術があったようです。このように「悪」と言われた博打も遊女も、この段階では、まだ国の制度の中に正式に認められた存在であったわけです。

先ほど述べました「非人」や「河原細工丸」ですが、非人の場合は「犬神人《いぬじにん》」と言われて、祇園社と結びついておりますし、「放免」と呼ばれた処刑をする刑吏も天皇の直属の官庁である検非違使《けびいし》庁の下級の官職を持っておりますし、「河原細工丸」も同じく祇園社・北野社などの寄人・神人の身分を持っていたことは間違いありません。

ですから、十二世紀から十三世紀のころには、「悪」それ自体が何らかの形で神仏と結びつくことによって、国家的にも認められていた一面のあることは知っておかなければならないと思います、

もう一つ注目すべきことは、この当時の関東、東北、中部――東国では、先ほどから申し上げている神人・供御人の制度がほとんど動いていないと考えざるを得ないのです。なぜなのかは、私もまだわかりません。「非人」という言葉も十三世紀ごろには鎌倉と越後にわずかな史料があるだけです。鎌倉は、犬神人もはっきり確認できますが、どうも全体として東日本には少なくて、史料上にはそういう言葉が出てこないのです。神仏のように人の力を超えたものに対する対処の仕方に、東日本と西日本では差異があったのではないかと考えられます。これについてはまだいろいろ議論があると思いますが、考古学者の木下忠さんは穢れに対する対処の仕方が地域によって違っていたのではないかと主張しておられます。

今は皆さんは産院でのお産で生まれているから、あまり問題にならないと思いますが、胞衣《えな》は血みどろの肉塊ですから、自宅でお産をしますと、これをどこに捨てるかは大変な問題だったのです。この胞衣の捨て方が、どちらかというと東の方の縄文系と西の弥生系とは違うので、西の方では、胞衣を壺《つぼ》に入れて地中深く埋めたり、遠くの山に持っていって埋めています。つまり胞衣にまつわる穢れをできるだけ遠ざけよ

うとしています。ところが、むしろ人に踏まれる場所、たとえば辻や戸口に埋めて、人に胞衣が踏まれれば踏まれるほど、赤ちゃんが丈夫に育つと考えている地域があるのだそうです。これは、民俗学の問題なので、私は木下忠さんをはじめ民俗学者の意見を紹介しているだけなのですが、どうも穢れに対する感覚は地域によって違うようです。

悪党という言葉も、西国にも東国にも出ますけれども、なぜか西国の方に圧倒的にたくさん現われます。東国は史料が少ないものですからわからないことが多いのですが、こちらには峰岸純夫先生という東国社会の研究の専門家がおいでになるので、この辺の問題についてはこれからもっといろいろな面からの研究が進められると大変ありがたいと思います。

このようにいろいろな限定はつけなくてはならないのですが、十二―十三世紀ごろの社会の状況は以上のようであったと言えます。そして、これについてもいろいろと議論がありますが、私はそれが大きく変ってくるのは、十三世紀の後半から十四世紀にかけての時期だと思います。

悪党と流通・交通路

端的に言って、法律的な面からみても、十三世紀後半から悪党、悪僧、博打、さらに借上《かしあげ》などの金融業者に対する規制が鎌倉幕府を中心として非常にきびしくなってきます。それは、商業や金融が活発化し、銭貨が本格的にこのころから社会に浸透し、流通し始めます。その浸透の度合いが意外なほど深く広いことは、最近、いろいろな形で明らかにされてきました。

まず、東国では十三世紀前半に銭が流通しており、十三世紀後半になると手形が全国的に流通しているのです。最近、『史学雑誌』に桜井英治さんが割符《さいふ》といわれた手形についてのすぐれた論文を書いておられますが、現銭の輸送はせずに、手形を送ることによって処理することが、十三世紀後半には社会全体で行われるほどに信用経済が安定していたのです。その背景に商業、金融、貨幣流通の著しい発達があったことは明らかです。都市も広く各地に成立し始めるわけで、こうした動きがそれまでの幕府や朝廷の規制を乗り越え始めたため、このころから「悪」をめぐる思想的、社会的、政治的なきびしいせめぎ合いが始まります。

思想的に見ますと、「悪人正機《しょうき》」と言ったという親鸞《しんらん》の思想、浄土真宗をはじめとして、時宗の宗祖の一遍《いっぺん》も、悪人であっても善人であっても、穢れていようといまいと、阿弥陀の教えですべての人は救われるという考え方を主張した人であり、寺院を持たないで遊行、旅をするという方法で布教しています。この一遍が「悪党」と言われる集団に支えられていたことは、『一遍聖絵《ひじりえ》』という絵巻物にも描かれています。

一遍が尾張と美濃を布教するため遊行したときに、そのあたりの「悪党」たちが高札《こうさつ》を立てて、この上人の布教に煩いをするものは、われわれが許しておかないと布告し、きびしく規制を加えて、一遍の布教を擁護しているのです。その結果、三年間、一遍は自由に山賊・海賊の妨げを受けずに美濃・尾張で布教ができたと絵巻の詞書《ことばがき》に書いてあります。

つまり、悪党は流通、交通路をしっかりと統制することのできた集団であったことがこれでよくわかります。一遍はそういう悪党に支えられて布教しており、しかもこのころ穢れた存在と言われ始めていた女性たちを教団の中に迎え入れて、僧侶も尼も一緒に遊行をするということをやっています。さらに、「非人」と言われる人びとからも広い支持を受けたと私は考えております。実際、一遍が亡くなったとき、それまで一遍に従ってきた「犬神人」とも言われる「非人」が、一遍とともに極楽に往生したいとして、海に身を投げて「入水往生《じゅすいおうじょう》」を遂げた場面が絵巻物に描かれています。

このように一遍は、穢れた存在とされて、このころ差別され始めた非人たちから非常に強い支持を得ていたのですが、私は、一遍の時宗は都市的な宗教である、つまり商工業者などとも非常に深い関わりのある宗教だと考えてよいと思うのです。

一方、こういう一遍に対する非常に手きびしい批判が貴族や寺院の側から起こってきます。『野守鏡《のもりのかがみ》』という歌論や『天狗草紙《てんぐのそうし》』という絵巻物によってみると、一遍に対する批判がこのころいかにきびしかったかがよくわかります。

その作者たちは一遍が男女一緒に遊行しているということに対して、口をきわめて非難をしていますが、特に一遍の踊念仏《おどりねんぶつ》に批判を集中しています。一遍は即席の舞台をつくり、各地で踊念仏をやっており、その踊念仏の熱狂状態の中で見る人びとも熱狂に誘い入れていくという布教の方法をとったのです。この踊念仏に対して「まるで野馬のように肩を揺すって、男女とも根も隠すところなく踊りまくる」という言い方で、一遍の集団がいかにセックスの上でだらしないかという強烈な批判を展開しております。

その中で一遍は天狗によって動かされていることを、『天狗草紙』は強調するのですが、その天狗との関わりで、この絵巻に初めて「穢《けが》れが多い」という「穢多《えた》」という文字で書かれた言葉が文献上に登場します。十三世紀の最末期のことです。

この言葉がどういう場面に出てくるかといいますと、この絵巻には天狗が鳶《とび》の姿で描かれており、当時の人は、天狗は鳶の姿をして空を飛んでいると考えていたようなのであります。その鳶の姿をした天狗が「穢多」が空中に投げた針のついた肉に嚙《か》みついて、それを食べようとしたため針に刺されて「穢多」に捕まり、首をねじられ殺される、そういう場面に「穢多」が登場するのです。河原の場面で、「穢《え》多童《たわらわ》」という蓬髪《ほうはつ》の人がそこに描かれています。

しかし、この絵巻の中で穢多は天狗にとって恐ろしいもので、「穢多がきもきり(肝を切る?)」は、尊勝陀羅尼《そんしょうだらに》や大仏頂《だいぶっちょう》などの仏の功徳《くどく》や真言の呪文などとともに、天狗にとって一番怖いものの一つだととらえられているのです。確かに『天狗草紙』の作者は、この言葉を最初から差別語として使い始めたことがわかるのですが、しかし、そうかといって、単純な賤視の立場からだけでこの言葉を使っているわけでもありません。むしろ一遍を動かしている妖怪のような天狗を殺してしまうだけの強烈な力を持っている存在として「穢多」を描いていることに注意しておく必要があるのです。

さらに、穢れているものも、穢れていないものも、善人も悪人もすべてを救うという一遍の教えに対する非常にきびしい批判の中に、この言葉が登場するという文脈をわれわれはよく考えておく必要があると思うのです。

重商主義と農本主義の対立

一方、この時期、「悪党」と言われる人びとに対する強烈な弾圧が鎌倉幕府によって行われています。これに関連して『峯相記《ほうそうき》』という播磨国《はりまのくに》(現在の兵庫県)の地誌に描かれた悪党の姿が非常に有名です。最初は柿帷《かきかたびら》で覆面をするという「非人」そっくりの姿であちこちを動き回っている。こちらで何か訴訟が起きると、それを請け負って、武力でそれを解決するという訴訟の請負人であり、特に、流通・金融関係の訴訟を「悪党」は請け負っていたのだと思います。

そして、事前に礼金をもらうことを、なぜか「山ゴシ」というのですが、この「山ゴシ」の意味はわかっていないので、これを解いていくとおもしろい研究の成果になると思います。それはともかく、後でお金をもらうのは「契約」というと『峯相記』は書いています。とにかくそのような「異類異形」と言われる格好をして訴訟を請け負って実力で解決するという活動を悪党はしています。

そのうちに、だんだんと悪党は富裕になり、鎌倉時代の末期、すなわち十四世紀の初めになると「綾羅錦繍《りょうらきんしゅう》」という大変に派手な衣装で、鎧兜《よろいかぶと》が照り輝くばかりというまことに華やかな姿で横行し始めるのです。こういう姿を「婆娑羅《ばさら》」と言うのだと思います。

「婆娑羅」という言葉は、この頃あちこちで使われるようになっていますけれども、いわばこのような意味の「悪」と結びついている。つまり世の常識を超えて、何か人ならぬ力と結びついた思い切って派手な服装、衣装をすることをさす言葉として、この頃用いられ始めているのです。

今でも真っ赤な衣装を着て、頭を金色に染めたような人を「婆娑羅」な格好と言えると思いますが、そういう衣装が当時もてはやされたということにも注意しておく必要があります。「悪党」に対しては、このように強烈な禁圧が行われ、「婆娑羅」が忌み嫌われる反面、むしろこの方向を積極的に肯定する動きも一方にあったことにも注意を向けておく必要があると思います。

十三世紀後半から十四世紀前半にかけて、政治的にこういう「悪」と積極的に結びついていこうとする政治勢力と、徹底的にこれを禁圧しようとする政治勢力との対決が何回かにわたって起こっています。

悪党、海賊を積極的に組織し、時には非人の武力も動員することを辞さないで、商工業を発展させて、商業や金融に権力の基盤を置こうとする政治勢力――仮に、私はこれを重商主義といっておきますが、ヨーロッパの重商主義ともちろんすぐ同一視はできないと思いますけれども、これに対して、あくまでも田畠《でんぱく》の所領、そこから年貢をとることを基本に置いて、「農は天下の本《もと》」「農は国の本」という方向できっちりとした政治を行おうとする農本主義が対立する。

どちらかというと、農本主義の方は合議体を基盤にした政治体制をとろうとしますが、前者の重商主義の方はどちらかというと専制的です。流通を支配する権力は専制的な姿をとりやすいのではないかと思いますが、このように農業を基盤とし、合議制的な政治体制を志向する農本主義に対して、専制的な政治体制を志向する重商主義の政治的対立が十三世紀末から十四世紀にかけて展開される。日本史を勉強の方はよくご存じだと思いますが、安達泰盛《あだちやすもり》対平頼綱《たいらのよりつな》、御家人対御内人の対立は、得宗《とくそう》北条氏の方が重商主義で、安達泰盛が農本主義といえるでしょう。

この頃の天皇家の中にも後醍醐《ごだいご》と花園という対照的な人物が出てきます。後醍醐は最終的には非人の武力まで組織しようとした人であり、明らかに重商主義の方向を目指している。これに対して、花園は儒教の道徳によってきちんと整った政治をしようとした人物です。

室町時代に入りますと、足利直義《ただよし》対高師直《こうのもろなお》、尊氏《たかうじ》の対立が起こりますが、直義は農本主義、合議制の路線、尊氏と高師直は重商主義、専制的な路線ということになります。十五世紀になると、結局、重商主義の路線の政治が表に出る形で事態の収拾が図られます。十五世紀の義満《よしみつ》、義教《よしのり》の時代の室町幕府は、こういう方向で金融や商業や貿易を政権の基盤としているわけです。

当面の問題に絡めて述べますと、「河原者の所業」、時によると「穢れ」た者のやっている芸能だと言われた観阿弥《かんあみ》、世阿弥《ぜあみ》の能を、義満、義教は非常に好んで、政権をきらびやかにするための芸能にしたことはよくご承知の通りです。また、北山・東山の庭園づくりですが、この庭園づくりをしたのは、まさしく河原者であり、その出身の善阿弥《ぜんあみ》は「公方河原者」と言われていました。将軍直属の河原者として造園の仕事をしているのです。

このように商工業に対して肯定的なこの時期の政権によって、河原者、時に「穢多」と言われた人びとが社会の前面に芸能民として姿を現わしていることに注意を向けておく必要があると思います。

ところが、その一方で十五世紀になると、遊女、博打をはじめとして、たとえば「鉢たたき」のような漂泊の芸能民を含む「非人」に対する差別、賤視が進行していることも間違いありません。これは、おそらく穢れに対する社会のとらえ方が、次第に変ったので、穢れを人の力の及ばない異様な恐ろしさを持った事態と受け取っていた十三世紀までの段階から、十五世紀以後はむしろ汚穢《おえ》と言われるように「汚いもの」という方向で忌避されるようになってくる、穢れに対する人びとのとらえ方自体が変化してきたことが、この問題と深い関わりを持っているのだと思います。この点を掘り下げることが私は大事だと思うのですが、これについては前回（前章）に多少詳しくお話ししました。

地域の実情に即して

さて、そういう状況の中で十六世紀の一向一揆《いっき》、法華一揆、キリシタンに対する弾圧が進行していきます。浄土真宗、一向一揆と被差別民との関わりについては河田光夫さん、石尾芳久さんをはじめいろいろな面から注目されておりますが、一向一揆の動きの中に後に被差別民と言われる人びとが関わりを持っていたことは間違いない事実だと思います。

キリシタンの場合も、たとえばハンセン病に対する救済の手を差しのべていることや最初のキリシタンが琵琶法師だったという点から見て、差別されつつある人びとに救済の手を差しのべていたことは間違いありません。しかも、こういう宗教勢力はいずれも商工業や金融、貿易などに対して肯定的でした。

一向一揆についてもいろいろ議論がありますけれども、私は時宗の流れをくみ、非常に都市民的な性格を持つ一揆ではないかと思っています。しかも、被差別部落は都市的な場と不可分な形で形成されてくると考えられますので、両者は非常に深い関わりがあると思います。

このような一向一揆や法華一揆、キリシタンなどの宗教勢力が十六世紀から十七世紀にかけて世俗の権力によって徹底的に弾圧されます。この弾圧は驚くべき大量の流血を伴って行われたのです。そして、実態は農業社会では決してないと思いますが、建前の上で、農本主義を前面に押し出した江戸幕府が確立しますと、穢れの清めに携わっていた人びとに対する差別、あるいは遊女に対する差別が具体的に、その居住地・営業地の場所まで含めて固定化されていきます。そして、十七世紀の半ばごろに差別が固定化――制度化されるにいたったというのが最近の通説になっております。

被差別部落の直接の源流は、ここに求めることができますが、しかし、差別の起ってくる根源は、決してそのように浅いものではないということが一応これでおわかりいただけたと思います。ただ、ここで注意しておきたいことは、教科書的には十七世紀に被差別部落の呼称として「穢多・非人」が固定したと言われていますが、この呼称は決して、日本列島全域に及んでいるわけではないのです。先ほど申しましたように、アイヌにはこの制度はもちろん及んでいませんし、実態としても穢れに関わる差別などアイヌ社会にはありません。また、日本国と別個の国制を持っている琉球王国は、江戸時代になると、日本国に服属する関係を持つようになりますけれども、こうした被差別部落は琉球でも存在しません。

中部、関東、東北については被差別民の数が相対的に少ないし、そのあり方も大分違うと思われますので、その実情は特に注意して研究しなくてはなりませんが、さしあたり注目すべきは被差別民の呼称が地域によって異なっているということです。

たとえば、このごろ私はよく能登にまいりますが、能登・加賀・越中で「藤内《とうない》」という言葉を老人の前で言うのは注意しなければなりません。「藤内」は、被差別民をさしているわけで、これらの人びとはやはり葬送に携わっており、ある場合には「藤内医者」などと言われ、「藤内」の中から医者が現われているのです。たとえば、有名な『解体新書』によって知られている「腑分《ふわ》け」、人体の解剖をしたのは、被差別身分の人びとです。医学の発達にこの「穢多」と言われた人びとが非常に大きな役割を果したことは間違いないことだと思います。能登・加賀・越中では「穢多」ではなく「藤内」と呼ばれる人たちがそういう役割を果し、しかし、それが被差別民の呼称になっているのです。

ところが、福井県に行きまして、教育委員会の人たちに「藤内という人たちのことをご存じですか」と聞きましたら、「いや、何も知りません」とおっしゃるのです。隣の県でも、全くこのことを知らないのです。

同じように、山形県、秋田県に「らく」という身分があります。実は私が『無縁・公界・楽』という本を書いたときに、山形の金内重治郎さんが突然手紙をくださいまして、「私どものところでは「らく」というのは、被差別民の呼称です。先生の楽と関係があるのでしょうか」というご質問を受けました。何ともお答えできませんでしたが、多分関係があるのではないかと私は思ったので、そういうご返事をした覚えがあります。

これは、慶長のころの『梅津政景日記《うめづまさかげにっき》』に出てきます。しかし、たとえば大阪の被差別部落の真ん中に行って「らく」「らく」と大きな声で言っても、多分何の反応も起きないのではないかと思います。しかし、山形、秋田の町中では、それはやはり「差別発言」になってしまいます。畿内と瀬戸内海では「かわた」と呼んでおりますし、関東では「長吏《ちょうり》」と言っています。「長吏」は、本来「三井寺の長吏」のように、人的な集団のリーダーをさす言葉ですが、「非人」の長吏とも言われ、それが被差別民の名称になったのだと思います。山陰の方では「はちや」という呼び方があり、これは、「鉢たたき」などと関係があると思います。このように被差別民の名称は地域によってさまざまですし、差別のあり方も地域によって多様な違いがあります。

ですから、私は、この問題についての対処の仕方は、よほどきめ細かく考えなくてはいけないと思うのです。全国的に「統一方針」を出して、この方針でやれといって、あちこちで機械的に運動してもうまくいくはずはないのです。それぞれの地域に即し、その地域の実情を十分に明らかにした上で、きめ細かい態度で、この問題に臨んで立ち向かっていく必要があると思うのです。

最初に申しました通り、何となく日本人、何となく同じという感じをわれわれがこれまで持ってきたために、こういうきめの細かさをわれわれは日本人同士の間で必ずしも身につけていません。何となく皆同じ日本人という思い込みから、何となく外国人というふうに外国人を差別する、異民族を排除するということも起こってくるわけです。関東大震災のときの「朝鮮人虐殺」にもそうした背景のあることを考えておかなくてはなりません。

なかなか難しいことだとは思いますが、日本人の中にもさまざまな生活があり、さまざまなその歴史がある、これを十分きめ細かく認識した上で、細かい配慮をしつつ付き合うという付き合い方を身につけていく必要が、これからのわれわれには非常に大事なのではないかと考える次第です。

Ⅲ 音と声

中世の音の世界　鐘・太鼓・音声

「鐘」――日常世界を超えるもの

私は、佐渡には若い時、一九五〇年に一度参りまして、それ以来三回目になりますけれども、今回こういう場所でお話をするという機会を得まして、大変うれしく思っております。私は音楽や音の世界には、あまり縁の無い人間ですけれども、ともあれ「中世の音の世界」、というより、むしろ主として「音声」の問題を、お話ししてみようと思います。

これまでの歴史は、もっぱら文字で書かれた文献を史料として構成されてきました。これは歴史学、文献史学の大前提ではありますけれども、本当に人間の生活に即した歴史を考えるとなると、大分まえに横井清さんが言われたように、やはり色も香りもなくてはならないし、「音」の世界も歴史の中に取り込んでいかなければならない。そこまでしなくては、本当に生きている人間の歴史をえがくことはできないのではなかろうか。最近は歴史家の中にも、そういう考え方が非常に広く拡がってきました。

もう七、八年前になるでしょうか。西洋史の阿部謹也さん、樺山紘一さん、日本中世史の石井進さんと『中世の風景』(中公新書)というタイトルで本になった座談会をしたことがあります。その時に「音」が一つのテーマになり、ヨーロッパ中世の非常に豊かな音の世界について、阿部さんからさまざまな問題が提起されたのです。ところが、石井さんも私も、座談会の時にはほとんどそれにお答えすることができなかった。それが八年前の状況だったんですね。しかし、その時非常に強い刺激をわれわれは受けて、石井さんは「徳政《とくせい》の鐘」という文章をその本のあとがきとして、さっそく書かれました。

徳政というのは、普通は借金が帳消しになると理解されていますが、王の代がわりや天変地異のあった時に、すべてが本来のあり方、始原にかえるという、世界の諸民族に共通してみられる習俗で、日本の中世でもしばしば徳政が行われています。特に室町時代、民衆が徳政を要求して徳政一揆《いっき》を起こすことがありました。酒屋、土倉《どそう》などの金融業者に借金の破棄を要求して、実力で質物をとり返し証文を焼く一揆が起こるのですが、その時に、多分お寺の鐘でしょうが、鐘が必ず打ち鳴らされるのです。日常と全く違った世界がはじまる時には、鐘の音がそれを告知する、と石井さんはその文章に書かれています。

これが一つのきっかけになって「音の世界」に関心を持つ人が増えはじめ、一揆を結成する時や約束を固める時にも、やはりいろいろな音が役割を果していることがわかってきました。ただ、鐘だけでなく笛や太鼓等々のさまざまな種類の楽器の一つ一つが、それぞれ人間生活の中でどういう意味を持っていたか、ということになりますと、これはまだ研究は不十分といわざるを得ません。とにかく文献では音は聞けないので、まだまだわかっていないことが非常に多いのです。お寺や神社にある梵鐘《ぼんしょう》や鰐口《わにぐち》は今でもやはり、日常の世界を超えた聖なる世界と人間の世界、つまり神仏の世界と俗界とを結びつける役割をしていると思います。徳政の鐘が、まさにそうなので、鐘が鳴ると人の力の及ばない世界がそこに現われるということになると思うのです。今でもお寺や神社に行くと、とにかく鰐口を鳴らす。われわれは何とはなしに、そういうことをしているわけです。鰐口によってわれわれは神仏の世界に結びつけられることになるので、この音は徳政の鐘と同様の役割を果していることになります。

こういう役割を果す楽器としての梵鐘や鰐口が作られてくる過程を調べてみますと、初めからこれは神様・仏様の物として作られてくるのです。たとえば、梵鐘を作るのは、鋳物師《いもじ》ですが、その費用は必ず勧進聖《かんじんひじり》となった坊さんが、広く人びとから仏への寄付を集めて用意します。勧進聖が集めた米や銭は、俗界から離れた神様・仏様の米・銭です。そのような神物《しんもつ》・仏物《ぶつもつ》である費用によって作られる梵鐘や鰐口は、それ自体が神物・仏物であるということになるわけです。

そして、梵鐘を作る時には、かなり大がかりな儀式が行われたようです。室町時代になると、梵鐘の鋳造は京都の町で行われ、それが見世物になって、たくさんの人がその場所に集まって、鐘が鋳造されていくのを見物したことがわかっています。一種のショーになっていますが、本来は非常に厳粛な儀式のもとに鋳物師が作業を進めたものと思われます。

そういう経緯で作られてきた鐘は、神仏のものなのですから、発する音自体がすべての人びとを神仏の世界に導くと考えられて当然だと思います。ですからお寺の鐘は、当時の庶民にとって、それが鳴らされることによって、普通の時とは違った世界が現出すると、真剣に考えられていたのだと思うのです。「道成寺《どうじょうじ》」というお芝居で、清姫に追いかけられた安珍は、梵鐘の中に隠れます。結局清姫の執念は、梵鐘の中にいる安珍まで焼き殺してしまうのですが、何故お寺の坊さんたちが安珍を鐘の中に隠したのかということを考えてみますと、結末はどうあれ、鐘は仏物そのものなのだから、その中に隠れれば仏の強い力によって助けられるということだったのでしょう。梵鐘がいかに強い呪術的な力を持っていたかは、この話によってもわかるかと思います。

太鼓合戦

太鼓についても、同じような問題があるように思われます。黒田日出男さんが、週

陣太鼓　『前九年合戦絵詞』から安倍貞任・宗任の陣地（国立歴史民俗博物館蔵）

刊朝日百科の別冊「歴史の読み方」の第一冊『絵画史料の読み方』の中で、絵巻を通じて戦闘の際のいわゆる「陣太鼓」について、若干ふれておられます。そして日本の社会では、かなり古くから陣太鼓が使われたことを明らかにしておられます。この分野には、まだまだこれから研究しなくてはならないことが多いのですけれども、古代の律令、中国から入ってきた法律の中の、戦争する軍隊について規定した軍防令によって鼓《つづみ》、鉦《かね》、それから大角《だいかく》・小角《しょうかく》という笛が使われていたことがわかります。ここには中国の強い影響が考えられるので、日本古来のあり方と簡単には言えませんが、ただ、絵巻を見ておりますと、確かに中世の合戦で「攻め太鼓」が使われていることは、はっきりわかります。

たとえば『前九《ぜんく》年合戦絵詞《ねんかっせんえことば》』という、八幡太郎義家が東北を攻めた時のことを描いた絵巻ですが、その中にかなり大きな陣太鼓がみえる。攻める側も、守る側—つまり東北の安倍氏の方も、どちらも陣太鼓を使っていることがわかります。また『聖徳太子絵伝』の中に出てくる戦闘場面にも、やはり大きな太鼓が描かれています。ですから、鉦や笛は中国の影響かもしれませんが、陣太鼓が古代末から中世にかけての戦争で用いられていたことは、間違いありません。つまり、太鼓の音によって戦闘の開始、あるいは戦闘の本格的な展開が告知されたと見ることができると思います。

また、これは山本幸司さんから教えられたのですが、P・ボハナンの『アフリカの民族生活』という本の中に、ナイジェリアのティブ族の太鼓合戦という面白い例があげられています。ある二人の人物が結婚の費用、持参金のことで衝突して、なかなか争いの解決がつかない。するとその一方の人物が、村中に聞こえるような大きな音で太鼓を鳴らして、相手の悪口を取り込んだ唄を大声で歌って言いふらした。あまりそれが効果的なので、相手の方もこれに応じまして、負けじと専門家の唄歌いを雇って相手の悪口を大きな声で歌わせる。それが三週間以上も続いて終らない。まわりも迷惑するし、武力衝突になる危険性も出てきた。これではしかたないというので、とうとう首長がこの争いに介入して、首長や村のメンバー全員の前で太鼓合戦・歌合戦をやらせたというんです。その結果、演奏の方は一方が勝ち、本当の訴訟《そしょう》の方は別な方が勝つという、大岡裁判みたいなかっこうで問題を処理したという話です。山本さんはこの話からいろいろ興味深い問題をひき出しているのですが（山本幸司「恥辱と悪口」『ことばの文化史』2、平凡社）、さしあたりこれは、今の「攻め太鼓」「陣太鼓」の問題を考える上でも、非常に興味深い事例だと思います。

つまり、太鼓合戦は、しばしば紛争を解決するために用いられた事実があるということです。どちらも相手の悪口を言い、唄を歌い、太鼓の音によって相手を圧倒して、その紛争を解決しようとする。しかしこれも、うっかりすると武力衝突にまで発展する危険性もあった。そうなると太鼓はまさしく陣太鼓になるわけです。日本で同じような太鼓合戦が行われたかどうか、私はまだ調べていませんが、あり得ることのように思います。しかし、悪口合戦が行われていたことは、間違いありません。藤木久志さんはこれを「言葉戦い」と言っておられますが、戦闘の前にこれが必ず行われる。たとえば、義経と戦う敵方から「お前は、鞍馬の山などにこもって、ぶらぶらしていたやつではないか」などということを言う。そうすると義経は義経で、相手方の悪口を言う。戦う前にそういうことが必ず、実際にあったわけです。

アフリカの実例を参照してみますと、本来悪口だけで事が解決する場合も、おそらくあり得ただろうと思うので、とすると日本の場合も、悪口だけではなくて太鼓もふくめて紛争を解決することも、やはり行われていたように思われてきます。それが陣太鼓になり、陣太鼓だけでなく、中世の戦闘の時に行われる悪口の言い合いとなっていくのかもしれません。最近でも私の兄ぐらいの世代までは、子どもの頃に石合戦をやっていたようですが、その時子どもたちは、必ず相手の悪口をまずどなり合うことから始めるのです。それから石を投げ合う。この場合はもちろん、太鼓を鳴らしたりはしませんが。

争いごとにおける太鼓の意味を考えますと、以上のように、太鼓の芸能の力によって相手を圧倒するということがあり、もう一つは、相手に対する闘争心をかきたてるということがあったと思います。が、いずれにせよ、太鼓の音が人の心をわきたたせ、人を非日常の世界に導くことは間違いありません。日本でも実際に、そのような使われ方をしていたようです。それだけに、日常生活の中で突然太鼓を打つということは、室町時代以降、村の秩序が固まってきますと、厳しく忌避されるようになります。これも有名な話ですが、応永二十五年（一四一八）の近江国の今堀郷の村の掟に「太鼓、私に打つべからず」という一条が出てきます。梵鐘ももちろんそうだったのですが、太鼓もまた日常の場では、決して打ってはならないものとして取り扱われているわけです。このような太鼓の役割を考え始めてみると、私たち歴史家が勉強して解決しなければならない問題が、まだまだたくさんあるということを、大変強く感じます。

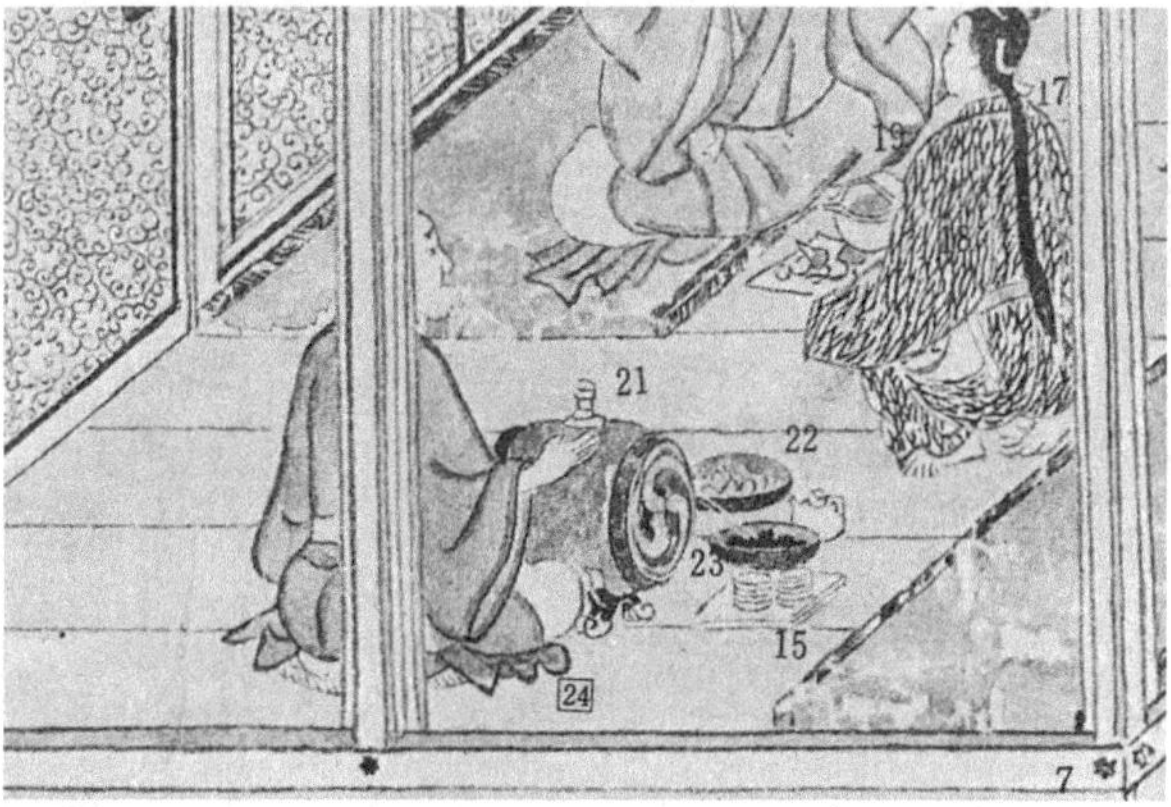

三巴の紋が描かれた太鼓樽　『春日権現験記』（模写）から酒宴の場面（『絵巻物による日本常民生活絵引』）

三巴の紋——呪術的な力

ところで、これはむしろ私自身が教えていただきたいことで、先ほどの黒田さんも疑問としていらっしゃることですが、日本の太鼓には必ずといっていいほど三巴《みつどもえ》の紋が描かれています。先ほどの絵巻に出てくる陣太鼓にも、はっきり描かれていますし、陣太鼓だけではなく、南北朝から室町時代に行われた田楽の太鼓にも、やはり三巴の紋が入っているのが、絵巻物でわかります。それから面白いことに、『絵巻物による日本常民生活絵引』（復刻版、平凡社）という本をちょっとご覧になっていただきますと、宴会の時に太鼓みたいなものが宴席によくみられます。初版の『絵引』では、これを太鼓としていたのですが、よくよく見ましたところ、これは酒樽なんですね。太鼓樽《たいこだる》といいまして、お酒を入れる容器が太鼓の形をしているわけです。しかも、その太鼓樽にも三巴の紋が描かれているのです。

現在でも、三巴紋の太鼓は広く日本で使われていると思うのですが、中国の太鼓に描かれている紋様は、どうも違うようです。モンゴル軍が日本に攻めてきたいわゆる「元寇《げんこう》」の時に、モンゴル軍は太鼓やドラを鳴らして攻めてきたので、日本の軍勢が大変驚いて、戦がうまくできなかったという有名な話があります。このモンゴル軍の軍勢の様子を描いた『竹崎季長絵詞《たけざきすえながえことば》』という絵巻物を見ると、モンゴル軍の使っている太鼓には、三巴が描かれていない。絵巻物を描いた人がどこまで正確に描いていたか、これはわからないことで、もっと深く調べてみる必要がありますが、日本の場合、三巴の紋は楯《たて》にも描かれていることがあり、やはり呪術的な力を持つとされていたのだと思います。三巴が太鼓に描かれているということ自体、日本の社会の中で、太鼓がかなり古くから呪術的な意味を持っていたことを示すものだと思います。ただ、これについてはいろいろな解釈がされているようで、ひとつ皆さんにも調べていただきたいと思います。

音の聖性がたどる道

このように楽器の果す役割には、太鼓の場合も梵鐘の場合も同じようなところがあったと思うのです。梵鐘は、最初から仏物・神物として作られたと申しましたけれども、太鼓の場合も多分同じだったのではないかと思います。しかし、太鼓がどういう経緯で作られたかを示す資料はあまり無いようで、まだよくわかっておりません。今後考えなくてはならない問題の一つだと思います。笛の場合には「青葉の笛」という有名な笛が、中世、大隅国の台明寺で採られる特別な笛竹で作られたことがわかっています。その笛竹が天皇に供御竹として貢納され、青葉の笛として製作されたのです。

また、楽器一般についていえば、自然物が楽器に使われることがあります。たとえば、鉢たたきという芸能がありますが、これは「ふくべ」、つまりひょうたんをたたくわけです。ひょうたんは非常に古く、おそらく縄文時代から栽培され、容器として使われていたもので、とても不思議な植物として、むかしの人びとは考えていたようです。民話の中にも、そういう話がたくさん残っています。良いおじいさんの蒔《ま》いたひょうたんからは、お米がたくさん出てくる。悪いおじいさんの育てたひょうたんからは、虫がいっぱい出てくる。そういう話がありますが、ひょうたんというものは、何か不思議なところがある。中が空洞になっているのが不思議なことと、むかしの人は考えていたのではないかと思います。そして、そういうひょうたんが楽器として使われる。鉢たたきは、時宗の踊念仏《おどりねんぶつ》と関わりがあると思われるのですが、室町時代になると、賤《いや》しめられるようになっていきます。

それから、ほら貝も楽器になる。藤原良章さんにうかがったのですが、もともと仏教の方で法華経を読む時に、ほら貝を吹いたと言われております。『今昔物語集』の中には、法華経とほら貝を常に聞いていたので、比叡山の山中の獣が人間に生まれ変ったという話も出てきます。また、中世では罪を犯した人を処罰する場合、その人の住んでいる家を壊したり焼いてしまうのが普通です。ところが、かまどを持っていない家は、家とは認められないので、その家の前でほら貝を吹いて処罰したことにしたという習慣があったようです。こういう話からみて、ほら貝を吹くこと、その音には、いろいろな罪や穢《けが》れを解消する、浄める功徳があると、考えられていたのだと思われます。山臥《やまぶし》がほら貝を吹くのも有名な話ですが、これも本来は同じ意味を持っていたと思います。

それから、祇園社の犬神人《いぬじにん》は、正月の二日に千秋万歳《せんずまんざい》を祈る祈禱《きとう》をするのですが、その時には、太鼓とほら貝が用いられると言われており、これも罪障を滅する功徳が、ほら貝にあったと考えられていたからだと思いますし、太鼓も同じ意味があったと考えられます。

注意すべきことは、祇園の犬神人は清水坂の非人と重なる人びとで、穢れを浄める職能を持つとされていたのですが、中世後期には賤視され、江戸時代には明らかに賤民になっていくのです。それと並行して「ほらを吹く」という言葉そのものも、江戸時代になると、嘘に近いデカイことを言うことを意味する言葉に変ってしまう、藤原さんはこのように言っています。

しかし、こういう変化に、一体どういう意味があるのか。楽器の音自体が持っていたある種の聖なる性格が、ある時点から変っていく。そしてそれを扱っている人たちが、鉢たたきや犬神人のように、賤視されるようになっていく。両者の変化の過程は非常に深い結びつきがあると思います。

天につながる声

さて、中世の音の世界の中での問題の一つに、人の音声そのものがあるのではないかと思いますので、これは少し立ち入って考えてみたいと思います。川田順造さんが『聲』（筑摩書房）という大変面白い本を書いておられますので、それを参考にさせていただきながら、お話し申し上げたいと思うのです。

ところで本当に、佐渡の山の中は静かですね。私の声が何か、今夜は全然違うような気がして、今は非常に不思議な感じでしゃべっております。現在のように喧噪《けんそう》でうるさい都会生活をしていますと、自然の音以外の音が全く聞こえない静寂な世界のあったことを、私自身も忘れてしまっていたような気がします。いずれにせよ、洪水のような音と音声に、今のわれわれは取り囲まれていますけれども、中世の社会が今夜のように静寂であったことは、間違いないと思いますし、それだけに中世人は現代人とくらべると、音に対してはるかに敏感であったと思うのです。また、音それ自体に敬虔《けいけん》かつ謙虚な姿勢を持っていたので、先ほどいろいろな楽器について申しましたように、音に非日常的なもの、聖なる力、神仏につながるものを感じとり、人の力の及ばない何かがそこにある、と考えたのでしょう。

それは自分の発する音声そのものについても、同様だったようです。つまり、自らの音声も自分の意志だけによって発せられるのではない。何か自分を超えた力が働いているのだという感覚を、どうも持っていたようなのです。これは私自身の経験で、みなさんにも覚えがあると思いますが、何か前の日に大失敗した時など、街の中で突然そのことを思い出し、「オッ！」というような奇声を発して、周りの人をビックリさせることがあります。こういう時は別に、声を出そうと思っていないけれども、突然声が飛び出してくる。これがよい例かどうかわかりませんが、とにかく人間の音声は、どうも人間自身の意志だけによって発せられるのではなく、何か人の力の及ばぬ力がそこに作用している、と中世人は考えていたようです。これは「言霊《ことだま》」などと言われるのと同じで、そうした発せられた音声そのものに、人の力を超えたものがあるとされていたのです。この頃こうした問題について、中世史の分野でいろいろ研究が進められて、非常に面白いことがわかってきました。

たとえば風聞《ふうぶん》。これがとても大きな意味を持っておりまして、「悪党《あくとう》」という風聞があると、それだけでその人は追及の対象になり得るのです。そういう風聞を聞いたのに、かくまった人も追及されます。実際、正式な訴訟、鎌倉幕府の裁判の中で、「風聞」が非常に重要視されていることが、注目されるようになっています。瀬田勝《せたかつ》哉《や》さんが「神判と検断」（『日本の社会史』5、岩波書店）という論文の中で、風聞の役割にふれて、中世には「天には口なし、人をもって言わせよ」あるいは「人口にのる」などという、一種のことわざが大変広く流布していたことを、具体的に明らかにしておられます。人の意志を超えて口から口へ勝手に広がっていくうわさ。これを当時は「風聞」と言い、あるいは「口遊《くちずさみ》」と言っております。これは、それ自身が生きた物のような魂のあるものであり、そこには、人にはわからない隠された神の意志が、人の口を借りて示されていると、当時は考えられていたのです。

確かに、人のうわさは怖いもので、「悪事千里を走る」と言いますが、とにかく誰が言い出したかもわからず、コソコソ、コソコソと口から口に伝えられていくことが、意外な範囲に広がり、うわさに上った人に意外な結果を及ぼすことは、現代でも十分あり得ることだと思います。そういうこと自体に、中世の人びとは、人の意志を超えた何者かの力が、人の口をもって言わせているのだと考えていたようです。

聞耳のこと

今、うわさはコソコソと小さな声で伝わると申しましたが、音の民俗学という大変難しい分野を一所懸命に開拓していらっしゃる村山道宣さんによりますと、神の声――託宣は、普通の人には聞こえないささやき声だというんですね。確かにささやき声は、中世では特異な意味を持っていたようです。いろいろな文献を見ておりますと、ささやき声をするのはあまりよくないことだ、非常に変ったことだと言われている場合があります。神の声を普通の人がしてはいけないのだ、と考えられていたのでしょうか。

さらに、村山さんは非常に面白いことを言っておられまして、そういう小さな神の声を聞くことのできる特別な人がいる。特異な耳を持ち、神の声を聞くことのできる呪的な聴覚能力者がいたのではないかということで、そういう人は「キキミミ」――聞耳といわれていたのだそうです。伊豆七島の青ヶ島では、そうした特別な耳を持った人を「聞耳」と呼んでいるようです。昔話にも『聴耳頭巾《ききみみずきん》』という話がありますが、頭巾をかぶると、鳥や獣の言葉がわかるようになる。こういう頭巾をなぜ「聞耳」と名付けたかというと、やはり普通の人には聞くことのできない声を聞く能力を持っていることが、聞耳といわれていたからではないかと、村山さんは言っておられます。

さらに興味深いことは、江戸時代のごく初めの頃の、大和の吉野の方に残っている古文書に、キキミミが出てくるのです。旦那職という御師《おし》の権利についての売買契約が行われる時に、キキミミと呼ばれる人が、売買契約に立ち会っていることが、この文書からわかります。戦前、京大で教えられていた中村直勝さんが紹介された文書なのですが、中村さんは、売買契約が読み上げられ、それをちゃんと耳に聞く人がいたと考えておられるのです。

しかし、村山さんのお話を聞いていますと、聞耳という保証人は、土地が人から人の手に動くという土地の売買について、神の意志がそれに反しないということを聞く能力者として、立ち会っているのではないかと思われるのです。何しろ当時は、今のように簡単に土地を売買して、値段をどんどん上げていくようなことは、到底考えられない。一度人に売った土地でも、徳政の時がくると、また元の人の手に戻ってしまうということは、むしろ普通のことだったのですから、土地そのものについても、確かに人の力を超えた力が作用していると考えられていたと思うのです。この場合は、旦那の権利なのですが同様に考えてよいと思います。

キキミミが、そういう力を感ずる人として売買に立ち会うことは、村山さんのお考えの通り大いにあり得ると思います。私はこの村山さんのお話を聞いておりまして、聖なる存在、神や仏の語ることがささやき声ならば、人間の世界で聖なる存在とされている天皇とか貴人についても、同じことが言えるのではないかと思ったのです。

微音と高声

川田順造さんは、西アフリカのサバンナ地帯に形成されたモシ王国で、長い間調査をされて、その間に採られたテープを編集した『サバンナの音の世界』というレコードをまとめていらっしゃいます。大変面白いレコードで、いろいろな歌も入っているのですが、その中で私が一番よく覚えていますのは、「王の演説とその復唱」という一コマです。川田さんはその解説の中で、「王は元来、一般民だとか来訪者と、直接言葉をかわさないのがしきたりだった」ということを書いておられます。たとえ相手が目の前にいて、声が十分聞こえても、相手の言葉も自分の言葉も、側近の復唱者を通して伝えさせた。つまり、王様は、決して直接相手とは話さない。その傍には必ず復唱者がいたのです。これは時々テレビなどで、古い時代のあり方をよく考証したドラマなどの場合には、日本のこととしてそんな場面を見ることもあります。しかし川田さんのレコードでは、今のアフリカの状況を、実際にわれわれは聞くことができるのです。その中に王様が広場で大衆に向かって語りかけている状況が録音されています。それを聞いていると、王の声は、ささやき声というほど小さくはないけれど、常に小さなバスの声で「ボソボソ」としか語らない。そして、復唱者は常に大変大きなテノールの声で、王様の言葉を繰り返すのです。言葉の意味はわからないのですが、聞いていて私は大変興味深かったのです。

これを日本に移しかえてみますと、おそらく王様の小声は「微音《びいん》」、復唱者の大きな声は「高声《こうしょう》」と、日本の中世ではいわれており、この二つの声は明らかに厳密に区別されていたようです。天皇や摂政・関白がどういう声を出したかについては、厳密なことはわかりませんが、高声で話すことはまず無いと、私は考えております。また宮廷ではいろいろな行事が行われますが、微音と高声とは明確に使い分けられています。

たとえば、政《まつりごと》始《はじめ》という儀式がありますが、その時に儀式の主催者—上卿《しょうけい》が、いろいろな役目をする人を呼ぶわけです。呼ばれると、弁《べん》や少納言は微音で「オー」と答える。また六位の外記《げき》や史《し》は高声で「オー」と答える。そういう声の出し方まで、儀式の中ではっきりと決まっているようです。また、伝法灌頂《でんぽうかんじょう》という、真言宗のお寺で一番大事な儀式ですが、この時の作法は、微音で行うことになっています。それから、仏に対して何事かを「表白」する時は高声すると、はっきり区別がつけられているのです。

先ほどのアフリカの王とその復唱者の関係は、多分日本の社会の中でも同じようなことがあったのだと思いますが、しかし日本の場合は、この関係が文書《もんじょ》の形態にまでなっているのです。つまり、天皇や院、摂関家や将軍のような貴人の命を奉《うけたまわ》って、それを伝達者・復唱者が文書にすることになっている。天皇の場合には蔵人《くろうど》や弁官、院の場合は院司《いんじ》、摂関家の場合には家司《けいし》など、奉者といわれる人が、貴人の意志を奉って文書を書きます。こういう文書を「奉書《ほうしょ》」と総称し、天皇の場合が「綸旨《りんじ》」、院は「院宣《いんぜん》」、三位以上の人は「御教書《みぎょうしょ》」と、それぞれ呼ばれています。貴人の命令は、その命令を奉った人が必ず出しているので、貴人本人は決して姿を現わさない。このような文書の様式が、中世になってから日本では非常に広く発達していきます。

アフリカのモシ族では口頭の世界で行われていることが、日本の場合、文書の世界で行われるようになっている。確かに日本の社会には、とても深く文字が浸透しておりますが、これは古代以来の国家の運営が、徹底した文書主義であったことが大きく作用している。そのために、口頭で行われていた貴人と復唱者の関係までも、すべて文書化してしまった、ということになるのではないかと思います。

このように、貴人、いわば聖なる存在が、微音でしかその意志を語らなかったとすれば、復唱者の高声は、そういう聖なる者の意志を俗界に伝える、最近よく言われる言葉を使いますと、境界的な音声と言うことができると思います。実際、日本の中世社会では、日常の世界では、大声を出すことは非常に忌避されています。たとえば、『新猿楽記』という中に出てくる「不調白者《ぶちょうしれもの》」という、どうにもならない男についての表現の一つに「高声にして則ち放逸なり」とある。つまり非常にでかい声を出して、やりたい放題のことをすると言っております。また「九条右丞相遺戒」という九条殿、藤原師輔《ふじわらのもろすけ》の残した戒めに、「高声悪狂の人に伴うことなかれ、その言うところのことは、たやすく聞き驚くべからず」と書かれており、大きな声を出すような人の言うことを簡単に聞いてはならんと戒めている。こういうぐあいですから、しばしば「高声狼藉《ろうぜき》」と言われて、大声自体が狼藉とされていました。特に神前・仏前で大きな声を出すことは、非常にきびしく禁止され、禁制が出ています。

これはいくらでも例がありますが、宇佐八幡宮では、内院に入った時には大きな声を出すな、としているし、あるいは文覚《もんがく》上人は、京都の神護寺において守るべきことを記した置文の中で、「心にまかせて高声読誦すべからず」、自分勝手に大きな声を出してお経を読んではならん、と言っています。また、奈良の春日大社の神前で高声を出すことはまかりならぬ、という禁制が出ています。もう一つ面白い事例をあげておきますと、西大寺というお寺では、お経をあげる時、「高声を好みて叫喚に及ぶ」つまり大きな声を出して叫び声のようになるようなことは、決してあってはならない、「一向微音たるべし」すべて小さな声で行え、もし眠くなったら「中音高声」でやれ、ちょっと大きな声を出せ、ということまで言っています。いずれにせよ仏前で大きな声を出すということは、確実に忌避されていました。

この世と仏の世をつなぐ声

　それでは、なぜこのような掟が出てくるのかを考えてみると、高声を出すことによって神仏の世界と俗界の均衡した関係が乱されることが忌避されたのではないか。つまり、高声を出すことによって、俗界と神仏の世界の間に思いがけない関係が生まれてしまう。そうなると、それまでの両者の安定していた関係が乱され壊される。そのことへの忌避ではないかと考えられます。しかし、高声は、いつでも禁止され抑制されているのかというと、決してそうでもない。逆に、高声が積極的な意味を持つ音声と評価されている場合もあります。『今昔物語集』という古い説話集の中では、叫ぶがごとき高声で念仏を唱えたために お寺を追われた尼さんが、最後まで叫ぶがごとき念仏を唱えながら、立派に極楽往生したという話が載っています。この話では、高声をあげることが、最終的にはプラスになっています。同様に慶日《けいにち》上人という聖人が、高声でお経を唱えることによって往生したという説話も出ておりまして、極楽に往生する際に高声で念仏するのは、むしろ当然のことだし必要なことだとされていた一面があったことも、間違いないようです。

　つまり別の言い方をすれば、高声は、この世と仏の世をつなぐ架け橋としてとらえられている、と考えることができると思うのです。それから裁判の時にも、ある場面では必ず高声で訴えろと言われている場合があります。

十三世紀中頃、摂津国（大阪）の広田社という神社に対し、神祇官が下した法律の中に出てくるのですが、「越訴《おっそ》にあたっては高声子細を言上すべし」という一条が、その中にあります。越訴は下級の裁判が不満な場合に、もう一つ上級の裁判所へ訴えるという意味もありますが、この場合はそうではなくて、裁判権を持っている人に、直接自分の主張を訴える越訴、つまり直訴《じきそ》と考えることができます。少し詳しく申しますと、ここで決められた法律に、もし神官たちが従わないで悪いことをした場合には、その被害者は都にのぼって神祇官の役所に「高声」で訴えなさい、と規定しているわけです。統治権、裁判権を持っている人や機関に対する直接の訴えは、音声でしかも大声で訴えるということが、法律で決まっているという、大変興味深い例です。

実際、平安時代の後期から、盛んに神人の嗷訴《ごうそ》が行われます。不満を持った神人あるいは大衆といわれる僧侶たちが、大挙して京都におしかけてきて、天皇、あるいは院、摂関家のところに訴え事をしにくるわけです。天皇へ訴える場合は、内裏の一番正式な門である陽明門の門前に来て、そこで大声で訴える。院や摂関家の場合も同様で、門前で高声で訴え、その時に鼓や鐘も打ち鳴らされることもあったようです。太鼓がここに出てくることも見逃せないことです。

こういう事例は他にもたくさんありますが、高声は、神仏の世界に対する俗界からの呼びかけという意味があることは、これによって明らかですし、また天皇などの貴人に対する直接の訴えも、やはり高声でなくてはならないということになるのではないかと思うのです。しかしそれだけに、高声は出してよい場所と悪い場所があったようです。出してよい場所の一つは門前です。門前はそれ自体、聖と俗の世界の境になっております。同じような意味で、市庭《いちば》とか祭りの場所だとか戦の庭―戦場という一種の境界的な場では、高声は当然のこととして認められていたと考えられます。

高声念仏の秘めていた可能性

これまで、「高声」のマイナスの面、プラスの面についてをのべて、それが許される「場所」や「時間」があったとしてきましたが、問題はそれだけではなさそうです。先ほどあまり大きな声で念仏を唱えたのでお寺を追い出された尼さんがいたと申しましたが、実は中世の仏教の世界の中で、この問題は、かなり政治的な問題にまでなっているのです。ご承知のように鎌倉仏教、特に法然《ほうねん》をはじめ親鸞《しんらん》、一遍《いっぺん》のような、特に浄土宗系の鎌倉仏教に対して、さまざまな形の弾圧が、当時の仏教界の中心である南都北嶺によって行われています。また、激しい非難が古い仏教の側から加えられているのですが、実は、この弾圧の一つの理由が「哀音亡国」という点にあったと、名畑崇さんという大谷大学の方が指摘しています。これは、哀れなる大きな声で念仏を唱えることは国を亡ぼす、ということだと思いますが、今までの話のすじみちの中で、十分に理解できることです。

親鸞や一遍をはじめ、蓮如《れんにょ》などの一向宗が和讃《わさん》を用いたことはよく知られており、親鸞たちはこれを唱えさせ、節をつけた唄として歌わせるわけです。確かに今でも真宗のお坊さんのお経は、天台・真言系のものとは明らかに違っていますし、禅宗ともまた違う。ある種の唄に近い節でお経を読むようですが、時宗の一遍の場合もまた、踊躍歓喜《ゆやくかんぎ》といわれて踊念仏をする。踊りながら大声で、まさに高声で歌うように念仏を唱える。ですから現在の盆踊りや、さまざまな船唄のような民謡の中には、こういう真宗系または時宗系の念仏の歌い方が、流れ込んでいるともいわれております。

ところが、このような高声念仏を集団的に行うこと自体を、朝廷や延暦寺等は禁止し、弾圧する大きな理由にしていたのです。実際、鎌倉新仏教の和讃から発展してくる歌うような念仏は、やがて芸能として発展していく可能性を十分に持っていたと思うのです。しかし、これらの宗教はご承知の通り、一向宗が織田信長によって血みどろの大弾圧を受けたのをはじめ、結局すべての宗教が日本の社会の中で、独自な、俗権力から自立した教団として活動することができなくなっていきます。大変な飛躍になるかもしれないと思うのですが、そういう問題が日本の歌謡・唄、さらには太鼓をふくむ楽器による音楽に、どういう影響を及ぼしたか、またそれまでの日本の歌謡や音楽には、どのような可能性があったのかを、われわれは十分考えてみる必要があると思うのです。

先ほどあげた西洋史の阿部謹也さんが言っていらっしゃることですが、キリスト教から出てきた一種のハーモニーを持った音楽は、西洋音楽の一つの大きな基盤になっている。日本の場合は、もちろん全くこれとは別な伝統を持っているわけですが、こういう高声念仏のようなものが、もしも宗教とともに自由に成長していたら日本独特な歌謡、「讃美歌」ともいうべきものが西欧と違った形式で生まれる可能性も、あり得ないとは言えないのではないかと、私は考えています。つまり、日本の歌謡、さらには太鼓を含めてさまざまな楽器のあり方を考えてみると、おそらくどれについても同じようなことが考えられると思います。先ほどふれた、楽器を扱う人の中で賤視される人びとがあったことをふくめて、これからわれわれが考えなくてはならない重大な問題がここにあると思います。

しかし、現在も高声は生きているようです。これについては村山道宣さんがふれていらっしゃいますが、対馬では今でも、お祭りや雨乞いの時、あるいは集会を知らせたり、こういうことはやってはいけないということを村全体に知らせる時に「おらび声」という大きな声を出すのだそうです。「おらび声」は、神霊とまじわる契機そのものであって、だからうっかりしたところで「おらび声」を出すことは、非常に忌避されているようです。これはまさしく、現在にも生きている高声であると言えます。

こういう民俗の世界で生きている高声あるいは微音の問題には、実は社会の中のいろいろな動き、宗教上、政治上のさまざまな対立までがからんでいたのです。しかも、それは歌謡とか音楽のあり方にまで、どうも深い関わりがありそうです。芸能の中での音声や楽器の役割については、芸能史の分野でずいぶん研究が進んでいると思いますが、実はこれまで、芸能史学、歴史学、宗教史学などの研究が、それぞれバラバラに進められてきたところがあります。また実際に芸能を演ぜられる方と研究者との交流も、敗戦後の一時期は確かにあったのですが、今ではほとんど行われていない状況です。ただ最近は、歴史家がかなり広い関心を持ち始めておりまして、今日のような会に私自身がこのような形でお話をすることになったのも、やはりそういう新しい気運がようやく日本の中に生まれつつあることの現われではないかと考えております。そして、これからもっともっと、こういう交流の機会が設けられることを切望するとともに、われわれ歴史を勉強する側の者も、真剣にこういう交流を盛んにするように、考えていかなければと強く感じている次第です。

Ⅳ 宗教者

VI

宗教[illegible]

一遍聖絵　過渡期の様相

はじめに

『一遍上人絵伝《いっぺんしょうにんえでん》』、ふつう『一遍聖絵《いっぺんひじりえ》』とよばれるこの長大な絵巻の魅力は、近年ますます多くの人びとの心をとらえつつあるようにみえる。

もとよりそれが、すでに吉川清[1]、大橋俊雄[2]、金井清光[3]、今井雅晴[4]等の研究によって詳細に明らかにされてきた一遍その人の一生と思想、すべてを捨て切った「捨聖《すてひじり》」として、南無阿弥陀仏に徹底した一元論的な立場を貫き、それを遊行《ゆぎょう》、賦算《ふさん》、踊躍念仏《ゆやくねんぶつ》という独自な方式を通して布教した一遍の行動そのものの特異さによることはいうまでもなく、現代の社会状況の中で、それがあらためて人びとの関心をひきつけてきたということもできよう。

しかしそれだけでなく、この絵巻の詞書《ことばがき》の作者である聖戒《しょうかい》の、一遍に対する深い敬慕の念がその文章を通じて心に伝わってくるものがあり、さらにそうした一遍の生涯を、形にとらわれることなく広い視野の下に活写した絵師円伊《えんい》の絵画が無限の興味をよびおこし、『絵巻物による日本常民生活絵引』の再刊[5]も一つの契機となって「絵を読む」試みが活発になるとともに、この絵巻はその好箇の対象となったのである。こうした試みは黒田日出男[6]、藤本正行[7]、五味文彦[8]などによって精力的に行われ、活発な論争をよびおこしつつ新たな成果をつぎつぎに産み出し、一遍研究会による総合的な研究は『一遍聖絵と中世の光景[9]』という一書にまとめられ、黒田はさらに『中世を旅する人々——一遍聖絵とともに[10]』と題する興味深い労作を結実させるまでにいたっている。

このように、きわめて厚みのある一遍の研究と、あふれる才知の交錯する絵画をめぐる多彩な成果の中にあって、仏教史については全くの素人であり、「絵を読む」力もない私などには、発言の余地はほとんどないといわなくてはならない。また、金井清光の指摘する通り、信・不信、善人・悪人、浄・不浄を問わず、万人に教えを説いた一遍の場合、「算札をもらった者の社会的基盤を論ずることは全く無意味」ということもできよう。

ただ、一遍の生きた十三世紀後半という時期を、私は日本列島の社会の歴史の中での重大な転換期のはじまるころと考えており、その中に一遍の思想と特異な布教の活動を位置づけてみることは、多少の意味があるのではないかと思われる。

修行・伝道の旅

「身命を山野にすて、居住を風雲にまかせて」遍歴する遊行。信・不信、浄・不浄を問わず広くすべての人びとに名号札を賦《くば》る賦算。そして念仏する喜びを身体そのものの躍動によって表現する踊念仏《おどりねんぶつ》。これが一遍の思想・宗教のおのずからなる行動であり、その特質を端的に示していることは、さきにあげた先学たちがすでに詳しく明らかにしており、いまさらここにふれるまでもない。

また、こうした行動の方式が、一遍の創始したものではなく、遊行は古くからの山《さん》林抖擻《りんとそう》の遊行する聖の流れをくみ、賦算も弘法大師からといわれる高野山の別所聖人―高野聖の「六字名号（南無阿弥陀仏）」の札に源流があるといわれ、さらに踊念仏が葬送・鎮魂のさいの民間での歌舞飲酒や田楽などと深い関係があることも、五来《ごらい》重《しげる》(11)をはじめ、多くの人びとによって指摘されている通りであろう。

ただしかし、それが一つの教団の本質に関わる伝道の方式として確立された点に、まさしく一遍の生きた十三世紀後半という時期を、それ以前と区別する重要な特質があるのではないか、と私は考える。

『聖絵』（以下『一遍上人絵伝』をこのように表記する）(12)の絵画によって明らかなように、遊行の開始当初は数人であった一遍の一行は、やがて十数人から数十人の大集団にふくれ上がっていく。この遊行はもとより単純な旅行ではなく、編衣《あみぎぬ》、馬衣《うまぎぬ》などといわれ、縄文時代に遡《さかのぼ》りうるきわめて原始的で粗末な衣をまとった姿に、すべてを捨て去り切ったことを端的に示す、自覚的な乞食僧《こつじきそう》の集団の修行・伝道の旅であったが、こうした集団の移動を九州・四国・本州の全域にわたって恒常的に実行することが可能になったのは、やはりこの時期になったからこそといわなくてはならない。

これもすでに注目されているように、一遍の集団は京の因幡堂《いなばどう》、釈迦堂、三条悲《さんじようひ》田《でん》院《いん》、近江の琰《えん》（閻）魔堂や関寺《せきでら》、尾張の甚目寺《じもくじ》、相模片瀬の「館《たて》の御堂《みどう》」、摂津兵庫の観音堂等々の寺院や、尾張の萱津宿《かやつのしゅく》、備中の軽部宿《かるべのしゅく》などに逗留《とうりゅう》しつつ、長期にわたる旅をしているが、このこと自体、このころまでにこうした旅人たちの宿泊を広域的に支えた施設のネットワークが実際に形成されていたことをよく示している。

また『聖絵』のいたるところに、乞食非人の多様な姿態がリアルに描かれている点も、多少時期の降る『一遍上人絵詞伝《えことばでん》』（『遊行上人縁起絵』[13]）と大きく異なる特徴として、多くの人びとがさまざまな角度から目を向けているが、特異な職能民としての非人集団が京都を中心に形成されてくるのは、十一世紀まで遡ることが可能であり、それは十三世紀前半までに、京の清水坂、奈良の北山に本宿を持ち、畿内とその周辺の一帯に多くの末宿が分布し、多少とも広域的に移動・遍歴する大集団となっている。そしておそらくそのころには、西国諸国の国分寺等を中心に、こうした非人の宿が形成されていたと思われる[14]。

これらの非人は、葬送などのキヨメを職能としており、もとより乞食《こつじき》のみによって生きていたわけではないが、十四世紀に入るころには乞庭《こつば》とよばれる縄張りを持つまでになっている点から見て、乞食による勧進がこの人びととの生活を支えうるだけの重要な意味を持っていたことは確実といってよい。一遍たちの集団の遊行は、まさしくこの乞食非人の勧進を意識的・自覚的な伝道の方式としたものであり、それはこの時期までの社会に、乞食集団と、勧進・乞食に応ずる多数の人びととの接触を可能とするだけの条件が形成されていなければ考え難いといわなくてはなるまい。

賦算の条件

賦算にしても同様である。熊野本宮で熊野の神の神託を得てからの一遍は、確信を持ってさきにもふれたように「信不信をえらばず、浄不浄をきらわず」、すべての人びとに名号札を賦りはじめるが、その札に「決定往生六十万人」と書かれていたように、きわめて多数の人びとに賦算することを目標とした。こうした当時としては途方もない数ともいいうる目標を一遍が掲げ得たのは、十三世紀後半という時期が、すでに特定の個人がそれだけ厖大《ぼうだい》な数の人びとと接触しうることを考えうるだけの条件をつくり出していたからにほかならない。

実際、一遍が遊行、賦算を行った場所は、『聖絵』によってみると、天王寺、善光寺、京の雲居寺《うんごじ》、六波羅蜜寺、播磨《はりま》の書写山《しょしゃさん》をはじめ、さきにもあげた多くの寺院、大隅正八幡宮、安芸厳嶋《あきいつくしま》、伊豆三嶋、美作《みまさか》、備前、備中の一宮《いちのみや》などの諸国の信仰の中心である一宮、さらに備前福岡、信濃伴野《ともの》などの市庭《いちば》、そして前述した宿、丹後の久美浜、淡路の福良泊《ふくらどまり》、播磨の明石、摂津の兵庫などの津《つ》・泊《とまり》のように、多かれ少なかれ不特定の多様な人びとが多数集まる場所であった。こうした場所がいたるところにあったからこそ、一遍はさきのような賦算の目標を掲げ得たのである。

踊念仏の場合も、そのはじめは信濃国小田切の里の武士の屋形で行われたが、片瀬の地蔵堂、近江の関寺、京都の古屋道場などでの踊念仏は、『聖絵』の絵によって明らかなように、仮設の舞台、踊り小屋を設けて行われ、見物の桟敷《さじき》まで作られていた。確かにそれが念仏をする歓喜を多くの人びとにわかち与える踊りであったことも間違いないが、すでに指摘されている通り(15)、それ自体、観客を意識した芸能の興行と見ることも十分に可能といえよう。事実、金井清光が強調しているように(16)、一遍の和讃《わさん》(仏教賛歌)、和歌は平易で、リズムを持ち、まことに芸能性が豊かであった。

そしてこうした踊念仏もまた、人びとの群集する場が各地に広く存在するようになっていたからこそ、布教、伝道の方法として、重要な意味を持ち得たことはいうまでもなかろう。

このように、一遍の布教の特色といわれる遊行、賦算、踊念仏のいずれもが、不特定の多様な人びとが数多く往反し、群集する場の存在を前提としていたのであり、それはまぎれもなく都市、あるいは都市的な場と言い切ってよかろう。津・泊・宿はもとより、寺社の門前に都市が成立すること自体は常識といってよいが、十三世紀後半の社会には、早くもそれがこのような形で明確に姿を現わしていたことを、われわれはこの絵巻に描かれた一遍の行動を通して、はっきりと確認することができる。

これまで、日本列島の社会を古代・中世はもとより、近世にいたるまで農業を中心とした社会とする見方が支配的であったため、この『聖絵』そのものを特異な性格を持つものと見る向きもあったが、文献史料によってみても、十三世紀後半以降の社会は確実に貨幣経済の段階に入っており、為替手形の流通する信用経済も発展しつつあったので[17]、それを背景に各地に都市、ないし都市的な場が形成されてくることはなんら不自然なことではない。むしろ『聖絵』は、その実態をリアルに活写した絵画資料として、比類ない価値を持ったものといわなくてはならないが、それはまた、一遍の思想自体の性格をも端的に物語っているといえよう。

一遍の宗教は、まさしく都市ないし都市的な場に生きる人びと、形成されつつある都市民を背景に生み出され、そうした場と人びとを前提とした方法によって伝道、布教されたのである。他の鎌倉仏教の諸宗派も、共通して同様の志向を持ち、時代の流れに応えようとしていたということができると思うが、一遍の場合、それが最も直截的であり、鮮明であったということができよう。

未開から文明へのエネルギー

このように、列島社会は間違いなく、文明史的・民族史的転換期にさしかかりつつあったが、[18]十三世紀後半から十四世紀にかけての時期は、なお色濃く過渡期の様相を持っていた。

都市的な場といっても、信濃国伴野市《とものいち》の場合によって知られるように、市の立たぬ日の市庭は荒涼とした状景の河原に戻っており、寺社の門前に旧来の神仏の力が及んでいたことはいうまでもなく、周知の通り、一遍自身がその布教の確信を熊野の神託によって得ている点にも、それはよく現われているといってよい。『聖絵』によってみても、たとえば関寺での行法にさいして、山門《さんもん》や寺門《じもん》の圧力が一遍の布教に対して加えられたことを知りうるし、一遍自身が伊勢、山王、八幡などの神々との習合をはかっていることも、詞書からよくうかがうことができる。

しかし一面、一遍を激しく批判した『天狗草紙《てんぐのそうし》』が、その遊行する姿を「馬衣をきて、衣の裳をつけず」といっているように、一遍の教団は原始そのものに徹底して帰ることによって、新たな社会の動きの中に身を投げ出そうとしていた。「念仏する時ハ頭をふり、肩をゆりておとる事、野馬のことし、さはかしき事、山猿にことならす、男女根をかくす事なく、食物をつかみくひ」といわれた踊念仏や施行のさいの時衆《じしゅ》の姿、一遍の「しと」（尿）を求める尼僧、紫雲のたなびき、花の降る奇蹟《きせき》を信ずる人びとの中に、民俗的な呪術信仰とも深く結びついた野性の激しい噴出を見出すこともできる。

一遍の教えはこうした力を一挙に表面化させる一つの契機ともなったのであるが、それはこの時期の都市と都市民の形成、社会の文明世界への歩みが、決して光り輝くばら色の道ではなく、むしろこうした未開の暗く荒々しいエネルギーの爆発の中で進展し、おのずと否応なしにきびしい矛盾と、さまざまな影をそこに伴っていたことを見落してはなるまい。

一遍がそうした光と影とをともどもに救いとろうとしたことは間違いないところで、すべての人びとに救いの手をさしのべる一遍の教えを受け入れた人びとが、特定の階層に限定されることとなく、『聖絵』の語るように、世尊寺経尹のような貴族、豊後国守護大友頼泰《おおともよりやす》をはじめとする多くの武士、備前国吉備津宮《きびつのみや》神主夫妻や山僧兵部竪者《ひょうぶりゅうじゃ》重豪《ちょうごう》などの神官・僧侶から、乞食非人にまで及んだことは、すでに指摘されている通りである。

とはいえ『聖絵』は、一遍の教えが「信」「浄」の人びとだけでなく、「不信」「不浄」の人びとにまで及んだことを、絵と詞書を通して明らかに物語ろうとしており、そこから十三世紀後半の社会の特質を端的にとらえうるのではないかと思われる。

その一例として、弘安《こうあん》六年（一二八三）、一遍と時衆たちが、尾張国甚目寺で七日の行法《ぎょうほう》を行ったとき、「供養ちからつきて、時僧うれへの色みえければ」という事態になったとき、ともに毘沙門天の託宣を夢に見て、一遍たちに施行《せぎょう》した「萱津の宿に侍る徳人《とくじん》二人」をあげることができよう。別の機会にもふれたように⒆、この詞書に対応する絵の中で、「徳人二人」に当る人物の一人は、高足駄《たかあしだ》をはき、団扇《うちわ》を持ち、子どもを抱く女性、童《わらわ》、傘を持つ蓬髪《ほうはつ》の男性をひきつれて、本堂に向かって境内を闊歩《かっぽ》する総髪の男、他の一人は本堂の縁に手をつき、ひざまずいて何事かを時衆に告げる束髪、ポニーテールの男と見るのが、最も自然であろう。前者の男は、施行の食物を入れた曲物《まげもの》を頭上にいただく女性たちや長櫃《ながびつ》を荷う男性たちの列を従えており、そのように施行の用意ができつつあるのを後者の男が時衆に伝えていると見れば、詞書の内容は見事に絵画として表現されていることになる。

これに対しては、「徳人」を本堂の傍にいる烏帽子《えぼし》をつけた男に求め、高足駄の「異形《いぎょう》」の男を「ばさら」な「芸能民」⒇、あるいは乞食修行者である「ぼろぼろ」に引きつけて考える見方から⒇、この拙論にきびしく批判が加えられているが、最終的な決め手はないとはいえ、こうした見方では詞書と絵との関連は全く稀薄《きはく》になってしまい、明らかに画中の中心的な存在である高足駄の男の役割が全くわからなくなってしまうのではなかろうか。

むしろこれを素直に「徳人」と見て、そうした人が「ばさら」な「芸能民」、あるいは遍歴の修行者「ぼろぼろ」の如き「異形」の姿で現われるところに、この時期の特有な問題を探ることが必要なのではないか、と私は考える。

「徳人」の源流

それ故、ここでやや遡って「徳人」の源流を探ってみると、それは十一世紀後半以降、商工業・金融などの広義の「芸能」に専ら携わり、神人《じにん》・供御人《くごにん》・寄人《よりうど》などの称号で呼ばれた神仏の直属民、神仏の「奴婢《ぬひ》」の流れをくむといえよう(22)。これは当時の社会が、こうした「芸能」そのものを人の力を超えた世界との結びつきでとらえていたからで、実際、神人たちは「黄衣《こうい》」を身につけ、神木や杖、特有の器物などを持ち、神との結びつきをその衣装で示していた。

これらの人びとは十二世紀になれば、北陸道諸国から瀬戸内海・九州にまで及ぶ組織を持つ日吉《ひえ》大津神人(23)のように、広域的な商業・交通・金融のネットワークを形成するようになり、その統制に苦しんだ王朝国家は十三世紀前半までに神人・供御人制を確立し、神人・寄人をいわば侍身分として特権を保証して、これをその制度の下に置いたのである。

しかし十三世紀後半以降の社会の発展は、たちまちその枠をのりこえ、この制度を動揺させ、形骸化《けいがいか》していった。貨幣信用経済の本格的な進展とともに、新たな商工業者、金融業者、交通運輸業者、倉庫業者たちが広範に出現してくるので、さきにふれた都市ないし都市的な場は、まさしくその中で姿を現わしてきたのである。「有徳人」「徳人」とよばれたのはこうした人びとで、伊賀国黒田荘の場合のように、(24)百姓の中の鋳物師《いもじ》、鍛冶、細工《さいく》などが有徳人となったこともある一方、熊野三山僧―山臥《やまぶし》で富裕な借上《かしあげ》―金融業者として活動した人も知られている。(25)

ただ、銭を神仏のごとく、「恐れたふとみて」用いよと言った『徒然草』(二百十七段)の「大福長者」の言葉のように、また莫大な銭を「異界」―神仏の世界である土中に埋める人がしばしばあったように、このころの銭―貨幣はなお人の力を超えたものと結びついてとらえられていた。それを用いて商業・金融に携わる人びとの中に、ときに「異類異形」といわれることのあった山臥のような人が見られたのは、そこに理由が求められる。とすれば『聖絵』の高足駄の人物を「徳人」と見ることは十分に可能であり、この「非人」にも通ずる「童形《どうぎょう》」の髪形、高足駄・団扇などの異形は、たしかに「ばさら」ということもできよう。(26)このように「ばさら」は、未開で荒々しい野性が新たな都市的な風潮と結びついた、十三世紀後半から十四世紀にかけての特有の風俗であった。

商業・金融、あるいは博奕《ばくち》などにも関わっていたのではないかと想像されるこの人物は、かつての神の権威を背景にした神人の黄衣などとは異なる、こうした「ばさら」な姿をすることによって、平民百姓との異質さを示そうとしたとも考えられるが、そうした「徳人」たちが、福徳の神として信仰されはじめていた毘沙門天を媒介として一遍に帰依し、これを支えたことは、一遍の宗教を考えるさいの重要な論点となるのではないかと思われる。

実際、こうした「ばさら」な有徳人は、このころの「悪党《あくとう》」と確実に重なる一面を持っていた。それは「非人」の衣装をまとっていた時期から、照り輝くばかりの鎧《よろい》・腹巻を身につけるまでの「悪党」を描いた『峯相記《ほうそうき》』の周知の叙述によっても明らかであるが、『聖絵』がこの甚目寺の場面に続く詞書で、直ちに「悪党」を登場させているのも、決して偶然ではあるまい。そこには、

美濃・尾張をとおり給《たま》ふに、処々の悪党ふだをたてゝいはく、聖人供養《しょうにんくよう》のこゝろざしには彼《かの》道場へ往詣《おうけい》の人々にわずらひをなすべからず、もし同心せざらむものにおきては、いましめをくはうべし云々。よりて三年があひだ、海道をすゝめ給に、昼夜に白波《しらなみ》のをそれなく、首尾《しゅび》緑林《りょくりん》の難なし

とあり、萱津の「徳人」との関係を暗示しているようにも見えるのである。

当時の美濃・尾張の状況、その古地形からみて、この「悪党」の中に、河海に関わりを持つ「海賊」のいたことは確実といってよいが、この文章によって明らかなように「悪党」たちは自らの力で、「海道」の交通路を管理し、高札《こうさつ》を立てて自らの定めた禁制を実力で三年間も実現しているのである。まさしくこれは流通、交通路の自立的なネットワークであり、この時期の「悪党」「海賊」はまさしくこのようにそれを担った人びとととらえなくてはならない。

「悪党」たちの支持

事実『峯相記』の悪党も海賊を広く含み、播磨《はりま》・但馬《たじま》・丹波《たんば》・因幡《いなば》、伯耆《ほうき》にわたる広域的な縄張りの中で、「山ゴシ」「契約」と号して事前・事後の賄賂《わいろ》を受けとり、訴訟を請負って、「追捕犯籍・苅田苅畠、打入奪取」などの実力を行使して、それを執行したのであり、正和四年（一三一五）、兵庫関に乱入して守護使と合戦した「悪党」もまた、巨倉池《おぐらいけ》、淀川から大阪湾一帯の流通路に分布する山僧を中心とした広域的な組織であった[27]。

これまで、このころの社会を基本的に農業社会ととらえ、農民を支配する在地領主制を基軸として考えられてきたため、「悪党」「海賊」のこうした側面については、すでにかなりの程度まで気づかれていながら、明確な位置づけを与えられてこなかった。しかしこれは「百姓」を直ちに農民と解してきた誤りに基づく偏《かたよ》った見方に起因しており、もとより「悪党」には、『聖絵』で「時衆《じしゅ》の尼を」「女捕《めとり》」ろうとした常陸《ひたち》の「悪党」のようにさまざまな人びとがありえたが、社会的な現象としてのこの時期の「悪党」「海賊」は、神人・供御人制の枠組をこえて、流通・交通路のネットワークを自立的に管理する、商業・金融・交通に深く関わった人びとととらえることができよう。

しかし、これをきびしく規制し、弾圧を加えた幕府・王朝がこうした人びとを「悪党」ときめつけている点に、やはりこの時期固有の問題がある。それはさきにふれたような暴力的な行動とも関わっているが、それだけではなく、親鸞《しんらん》が「屠沽《とこ》の下類《げるい》」といったように、漁労・狩猟などによる殺生とともに、銭―貨幣そのもの、それを用いた商業・金融が得体の知れない力に左右されるものとして、この時期には「悪」ととらえられたのではないかと思われる。(29)出挙《すいこ》の利を貪《むさぼ》る山僧が、しばしば「悪僧」といわれたのも同様の理由からであろう。

また、しばしば「悪党」の禁圧の大きな理由とされ、「悪党」と不可分の関係にあった博打《ばくち》も、人びとを否応なしにそこにのめりこませる底知れない魅力を持ち、しばしば喧嘩《けんか》闘諍《とうそう》、秩序攪乱《かくらん》をよびおこす異様な力を持つ世界として、「諸悪」の根源とされたのである。[30]

「悪」はこのように、この時期、人のたやすく統御し難いおそるべき力、噴出する粗野な野性と結びつけてとらえられていた。「悪源太」「悪左府」のような「悪」の肯定的な用法も、もとより同様の背景を持つと考えられる。「はねばはねよ、をどらばをどれはるこまの、のりのみちをばしる人ぞしる」と、噴出する歓喜の衝動に身をゆだね、「身をすつる、すつる心をすてつれば、おもひなき世にすみぞめの袖」と、すべてを捨てきって原始に徹しようとする一遍の教えは、「徳人」とともに、こうした「悪党」たちの熱烈なる支持をよびおこした。

弘安七年（一二八四）の秋、丹波の穴生《あのう》に逗留した一遍の許《もと》に集まり、「おの〱掌をあはせて、みな念仏をうけ」た、「異類異形にしてよのつねの人にあらず、畋猟漁捕を事とし為利殺害を業とせるともがら」も、もとより同様の人びとであった。この穴生の地に、室町期、穴生寺があり、そこが近江国左散所《さんじょ》、河内国右散所を知行《ちぎょう》する散所雑色長、随身調子氏の所領と関わりがあったと見られる事実は（「調子文書」）、これらの人びとの実態を考えるための手懸りとなりうるが、すでに別に言及したように、[31]「悪」は「穢」とも不可分の関係にあり、「悪党」はもとより「徳人」の世界も、この時期は「非人」と深く関わっていた。

「非人」の救済

その詞書においては、「けがれたるもの」などとして「非人」に言及している程度で、ほとんどこれにふれていないとはいえ、『聖絵』が絵巻のいたるところに、奔放といっても決して過言でない乞食非人の多種多様な姿、撮棒《さいぼう》を持ち、覆面をした謹直な犬神人、蓬髪で傘を担う絵解《えとき》やぼろぼろなどを描いていることは、この絵巻のきわめて重要な特徴といってよかろう。そして、別の機会に詳述したように(32)、末尾に犬神人たちの一遍への深い帰依《きえ》と、その死の後を追う入水往生の場面を描くことによって、『聖絵』がその全体を貫く一本の赤い糸としての、一遍の教えによる「非人」の救済というテーマを見事に完結させたことは、種々の批判をいただいている(33)とはいえ、いまも私は間違いないと考えている。

こうした『聖絵』の絵師円伊《えんい》の姿勢は、絵巻の全体には非人の姿をほとんど描かず、甚目寺の場面で、時衆の円陣とは明確に区別されて、犬神人に監視されながら、それぞれに円陣をつくって施行をうける非人と癩者の姿を集中的に描く『遊行上人縁起絵』の絵師の姿勢とは、決定的といってもよいほどの質的な差異があるといってよかろう。

それは、美作国《みまさか》一宮での場面が物語るように、ときに非人をも伴って遊行した一遍に対し、通常は控え目に群衆から身を離しながら、一遍の死のさいにはついに自ら群衆の中に立ち交るという行動を見せる犬神人の動きをとらえるなど、全体として非人を含む多様な群衆をきわめて流動的に描く『聖絵』と、伊勢神宮に、「疥癩人」を伴っていったことや、「非人のたくひに至まて、往生をとくる者其数をしるすといとまあらす」といわれている点によっても知られる通り、非人を救済の対象としつつも、すでに教団の形をなして遊行する他阿《たあ》を描いた『縁起絵』（以下、『遊行上人縁起絵』をこのように表記する）との差異であり、一遍と他阿の立場・時代の差異を示しているともいえよう。

そして「非人」をめぐる社会の動きは、明らかに『聖絵』から『縁起絵』の描くような方向に進みつつあったのであり、それは一遍を激しく非難した『天狗草紙』に、はじめて「穢多童《えたわらわ》」という差別的な言葉が現われる事実からも、よく知ることができる。

一遍・他阿の時代、十三世紀後半から十四世紀にかけての時代が、文明化・都市化に向かっての転換期のはじまりとさきに述べたが、それが一方に、このような暗い影、「非人」に対する差別の進行を伴っていたことを、われわれは決して見落してはなるまい。

女性全体の救済

編衣を着けた時衆の一団　（『一遍聖絵』清浄光寺蔵）

　そしてその影はまた、女性全体についても確実に及んでいた。一遍が当初から女性を伴って遊行し、時衆の中に多くの女性、尼が含まれていたことは、すでに詳細に明らかにされており、その点が前述した『天狗草紙』や『野守鏡《のもりのかがみ》』のような立場からの批判の集中する時衆の教団の顕著な特質であったのも、すでに周知の通りである。

『絵詞伝』で他阿が伊勢神宮に行ったとき、「疥癩人」とともに「そこはくの尼衆の中にハ、月水等のけかれもあるへし」としつつも、「疥癩の類をハ宮河の辺にとゝめをきて」自余の僧尼はみな引き具して外宮に詣《もう》でたといわれているように、「非人」とは一応レベルが異なるとされているとはいえ、女性もまた穢《けが》れた存在とし、男女のセックスそのものを穢れと結びつける見方は、この時期の社会の一方に、確実に強くなりはじめていた。

これに対し「生死本源の形は男女和合の一念」とし、「浄不浄」を問おうとしない一遍の教えは、こうした視線の下に置かれつつあった女性に、救済の道を広くひらくものとして受け入れられ、実際にも多くの尼衆が一遍の遊行に従うこととなっていったのである。

しかし興味深いことに、『聖絵』の絵は時衆たちの中に交る尼僧を、ことさら僧と区別して描こうとはしていない。たしかに注意深く見れば、顔立ちやしぐさに、女性らしさが見えるといえないこともないが、基本的には全く同じ編衣《あみぎぬ》を着けた時衆の一団として描かれているといってよかろう。

これに対し『縁起絵』になると、その絵では、尼僧の顔は白く、また女性らしい特徴を明瞭に描き、詞書でも「男女の愛恚《あいい》の煩悩をさけんが為」として、「僧尼の両方の隅に十二の箱を置」くことを強調しており（時衆の持ち物の十二光箱《じゅうにこうばこ》を一列に並べて境にした）、『絵詞伝』が男女、僧尼の関係を強く意識しているのは明らかである。

こうした『聖絵』と『縁起絵』の間に見られる女性、尼僧に対するとらえ方の違いは、さきにふれた「非人」の描き方に関わる両者の差異に相応ずるもので、もとより両者ともに女性を救済の対象としつつも、『聖絵』と比べて『絵詞伝』の方が、さきの『天狗草紙』のような批判を強く意識していることは間違いないといってよかろう。そしてそのこと自体、「非人」の場合と同様、このころから女性の社会的な立場に、多少とも暗い影がさしはじめていることを明瞭に物語っているといわなくてはならない。

それは「好色」を芸能の一つとする遊女において最も顕著であったといえようが、『聖絵』が明石浦の場面の詞書で遊女に言及し、『縁起絵』が越前の敦賀において、正安三年（一三〇一）、気比《けひ》社に参詣《さんけい》した他阿真教が道を作ったさい、神官・社僧から遊君・遊女にいたるまでがこれに協力したとしているように、一遍、真教の視野に、穢れた存在として貶《おとし》められつつあった遊女が入っていたことは間違いない(34)。

注意しておく必要のあるのは、こうした遊女をはじめ非人、そして博打、悪党・海賊、さらには「徳人」等が、いずれも市・津・泊・宿、寺社の門前などの都市ないし都市的な場と不可分の関係にあった点で、十三世紀後半以降の社会の転換の中で急速に形成されつつあった都市は、このように強烈な光と影とを伴っていたのである。

そして、この光と影とをもろともに救済しようとした一遍の教えは、その明暗がなお激しく流動していた十三世紀後半という固有の時期において、はじめて生まれ、強い影響力を持ち得たのだということができよう。

阿弥号を名のる人びと

一遍の死後、十四世紀前半まで本格的な教団形成への道を進んだ真教が遊行・伝道したのも、著名な津・泊をはじめとする都市、あるいは都市的な場であったことは、『絵詞伝』によって知られる真教の歩みを見れば明白である。越前・越後の国府をはじめ、越前国敦賀、加賀国今湊、宮腰、越中国放生津《ほうじょうず》、越後国柏崎などの日本海海辺の津・泊、さらに摂津の兵庫島や近江の小野などがそこに見られるが、とすると逆に、たとえば甲斐国一条、中河、小笠原や武蔵国村岡、越後国波多岐荘、鵜河荘萩崎などの『絵詞伝』に現われる地についても、そうした視点から見直すことが可能になってくる。

そしてこのような時宗の都市への進出、その教団に都市の住人が多かったことは『時衆過去帳』(35)を瞥見《べつけん》しただけでも明らかである。そこには十四世紀の僧尼の住地として、上総国来去津、武蔵国六浦、甲斐国黒駒、遠江国橋本、信濃国伴野、美濃国城田寺、尾張国萱津、相模国国府津をはじめ、越中国放生津、能登国櫛比、越後国柏崎、加賀国今湊、越前国三国湊などの北陸の要津、備後国草津、尾道、鞆《とも》、長門国赤間等の瀬戸内の要港、それに大宰府、博多、越後・丹後の国府など、各地の要衝を見出しうる。このうち、美濃の城田寺は鎌倉期に白拍子の集住していた地であり(36)、甲斐の黒駒が後年、博徒の拠点として著名であったことはいうまでもなかろう。

十五世紀に入れば、その教線は陸奥の十三湊《とさみなと》に及ぶ一方、油屋、酒屋、塩屋、薬屋、鍛冶屋、念珠屋、米屋、茶屋、塗師屋、材木屋、大工、石大工、鏡大工、物立屋、打物師等の多様な商工業者、一若大夫、今春大夫《こんぱるたゆう》、連歌師等の芸能民から「海賊」「中山盗人」神人等にいたる、多種多様の人びとが信徒の中にいたことを知りうる。一遍の蒔《ま》いた種がこの時期にいたって全面的に開花したことは間違いないところであり、この時期の各地域の都市民と時宗との深い関わりについては、今後さらに研究すべき余地が広く残されている。

たとえば正和五年（一三一六）三月、越前の三国湊において、漂倒船―寄船として、浦々の刀禰《とね》たちによって船と鮭・小袖《こそで》などの積荷を差し押えられたことの不法を幕府に訴えて出た「関東御免津軽艘二十船の内の随一」といわれる「大船」を保持した越中国東放生津の沙弥本阿弥陀仏が（「大乗院文書」）、『時衆過去帳』に見える越前国長崎の時宗寺院称念寺の薗阿弥陀仏と密接な関係にある時衆結縁《けちえん》者であったことを明らかにしたほか、越中における都市あるいは都市的な場での時衆の活動を詳しく解明した『富山県史通史編Ⅱ　中世』の仕事など、すでにこうした研究は各地で進められており、やがて時衆の教団の全体像が明らかにされる日も近いと思われるが、そのさい注目しておく必要のあるのは、十四世紀以降、各地の荘園・公領に見られる阿弥号、阿号を名のる人びとについてである。

ごく一、二の例をあげてみると、建武元年（一三三四）八月、地頭代脇袋彦太郎の非法を訴え、一味神水、一揆《いっき》した若狭国太良荘百姓五十九人の中には、実円、法円、禅勝、長弁などの正式の僧のほかに、沙弥善阿ミ、沙弥木阿ミなど、阿弥号を名のる人を二人、見出すことができる（「東寺百合文書」は函）。また、十四世紀後半、この荘の時沢名四分一の名主となった道阿弥は小浜の住人で、おそらく借上《かしあげ》・土倉《どそう》ではなかったかと推測されるほか、同じころの有力名主の一人に法阿がおり、幸阿、光阿などの名前も百姓の中に見られる。さらに十五世紀初頭の小浜の問丸《といまる》にも、本阿という人がいた（『小浜市史』通史編、上巻）。

一方、正中二年（一三二五）の備中国新見荘《にいみのしょう》地頭方の実検取帳を通観してみると（「東寺百合文書」ク函）、得阿弥、善阿弥、性阿弥、法阿弥、蓮阿弥、新阿弥、師阿弥、念阿弥など、多数の阿弥号を名のる百姓が見え、元弘《げんこう》三年（一三三三）十一月の同じく地頭方の市庭在家《ざいけ》の保持者にも、相阿弥、師阿弥、法阿弥、行阿弥などの人びとを見出すことができる（同上）。

新見荘の市庭には、すでにこのころ、京・鎌倉などと同じく都市の行政単位としての「保《ほう》」が形成されており[37]、これらの人びとが都市的な生業を営んでいたことは間違いないところで、若狭の要津小浜の阿弥号を名のる人びとも借上・問丸であった。とすると、百姓の中で阿弥号を名のる人びとの場合も、同様の非農業的な生業を営んでいたことは、十分、推定しうるのであり、百姓を直ちに農民と解してきたこれまでの誤った思いこみから離れてみると、荘園・公領の百姓の中には、かなりの比重で主として非農業的生業に携わる人びとのいたことは確実である。

もとより、こうした阿弥号を名のる人びとのすべてが時衆であったと断ずることはできないので、浄土宗の系統の人びとのあったことも考えられるであろうが、時衆の教団の根の深さは、このような面からも追究してみる必要があろう。

むすび

仏教史についても、文学についても全くの素人であるため、おそらく一知半解の的外れなことが多く、既往の研究によってすでに自明のこととなっている問題をこと新しく述べるにとどまったが、以上、『一遍上人絵伝』を中心に『一遍上人絵詞伝』などを参照しつつ、一遍の宗教の特質、その固有の時代的特徴について、考えるところを若干のべてみた。

ただ、これまでの歴史学の研究も、また文学の研究も、前近代の日本社会を頭から農業社会ときめこんでとらえてきたため、一遍の宗教の及ぼした影響の大きさが過小に評価されてきたことは確実であり、この思いこみから離れて、その思想の特異性と社会的な影響とをあらためて徹底的に考え直してみることは、なお今後に残された重要な課題といわなくてはならない。

そしてそれは、社会の矛盾が深刻の度を加えてきた十五、六世紀の社会において、時宗に代って巨大な社会的・政治的勢力となった真宗教団についても同様である。その基盤もまた、時宗と同様に当初から著しく非農業的、都市的な性格を持っており、本願寺教団の基礎を専ら農村に求め、一向一揆を国人領主と農民の一揆と見てきた従来の通説的見解は、重大な修正を迫られるであろうことも間違いないと私は考える。

そしてさきの光と影がより鮮明に固定化されつつあったこの時期、徹底した一元論ともいうべき時宗が衰えていったのに対し、真宗の思想がなぜ大きな力を持ちえたのかが、ここであらためて問われなくてはなるまい。しかしそれについて考えることは、到底、今の私の力をこえるので今後を期し、粗雑で拙い稿を閉じることとしたい。

（1）吉川清『時衆阿弥教団の研究』池田書店、一九五六年。

（2）大橋俊雄『一遍——その思想と行動』評論社、一九七一年、同『時宗の成立と展開』吉川弘文館、一九七三年。

（3）金井清光『時衆文芸研究』風間書房、一九六七年、同『一遍と時衆教団』角川書店、一九七五年。

（4）今井雅晴『時宗成立の研究』吉川弘文館、一九八一年、同『中世社会と時宗の研究』吉川弘文館、一九八五年。
(5)神奈川大学日本常民文化研究所編『新版絵巻物による日本常民生活絵引』全五巻、平凡社、一九八四年。
(6)黒田日出男『姿としぐさの中世史』平凡社、一九八六年、同「『一遍聖絵』三島社前の風景」『月刊百科』二七六、一九八六年、同「一遍の顔、聖戒の顔」『現代思想』一九—七、一九九一年、同「『一遍聖絵』の原本と摸本」上・下『月刊百科』三五三、三五四、一九九二年、同『二つの備前福岡市」上・下『月刊百科』三六三、三六四、一九九三年。
(7)藤本正行「入水する時衆と結縁衆」『月刊百科』三二六、一九八九年、同「福岡の市の対決」『月刊百科』三二七、一九八九年。
(8)五味文彦「絵巻の視線—時間・信仰・供養」『思想』八二九号、一九九三年。
(9)ありな書房、一九九三年。
(10)『朝日百科　日本の歴史別冊　歴史を読みなおす』10、朝日新聞社、一九九三年。
(11)五来重「一遍と高野・熊野および踊念仏」新修日本絵巻物全集11『一遍聖絵』角川書店、一九七五年。
(12)注(11)、前掲『一遍聖絵』及び『一遍上人絵伝』日本絵巻物大成別巻、中央公論社、一九七八年。
(13)新修日本絵巻物全集23『遊行上人縁起絵』角川書店、一九七九年。
(14)この点については、丹生谷哲一『日本中世の身分と社会』塙書房、一九九三年、拙稿「中世身分制の一考察——中世前期の非人を中心に」『歴史と地理』二八九号、一九七九年等参照。
(15) 松岡心平『宴の身体——ばさらから世阿弥へ』岩波書店、一九九一年。
(16) 金井清光『時衆と中世文学』東京美術、一九七五年。
(17) 拙稿「都市ができるとき」「京と鎌倉」『朝日百科　日本の歴史別冊　歴史を読みなおす』6、朝日新聞社、一九九三年。
(18) 拙稿「日本列島とその周辺——日本論の現在」『岩波講座　日本通史』第一巻、一九九三年。
(19) 拙稿「中世の「非人」をめぐる二、三の問題」『立命館文学』五〇九、一九八八年。
(20) 石井進・網野編『中世都市と商人職人』名著出版、一九九二年、二四一頁、保立道久の発言。
(21) 黒田日出男「ぼろぼろ（暮露）の画像と『一遍聖絵』」『月刊百科』三五三、三五七、一九九一年。
(22) 拙稿「中世前期における職能民の存在形態」『日本中世史研究の軌跡』東京大学出版会、一九八八年。
(23) 拙稿「北陸の日吉神人」楠瀬勝編『日本の前近代と北陸社会』思文閣出版、一九八九年。
(24) 中村直勝『荘園の研究』星野書店、一九三九年、五〇六—五〇八頁。
(25) 若狭国太良荘、小浜で活動した石見房覚秀など。拙著『中世荘園の様相』塙書房、一九六六年。
(26) 拙著『異形の王権』平凡社、一九八六年。
(27) 佐藤和彦『南北朝内乱史論』東京大学出版会、一九七九年、一九八—一九九頁。
(28) 拙稿「日本社会再考」『海と列島文化　別巻　漂流と漂着・総索引』小学館、一九九三年。
(29) 拙稿「「悪」の諸相」『海と列島の中世』日本エディタースクール出版部、一九九二年。
(30) 拙稿「博奕」『中世の罪と罰』東京大学出版会、一九八三年。
(31) 前掲、注(29)拙稿。
(32) 前掲、注(19)拙稿。
(33) 前掲、注(21)黒田日出男論稿。
(34) 拙稿「遊女と非人・河原者」『大系・仏教と日本人8　性と身分』春秋社、一九八九年。
(35) 大橋俊雄編『時衆過去帳』教学研究所、一九六四年。(この過去帳を含め、時宗関係史料について高野修氏に種々、御配慮、御教示いただいた。心から御礼を申し上げる。)
(36) 拙著『日本中世土地制度史の研究』塙書房、一九九一年、第二部第三章第一節五—2。
(37)「保頭」といわれる人が二人いたことから推測することができる。

（38）一遍の宗教、時宗の都市的性格を重視すべきだとする主張は、山本幸司「解説―歴史の立場から」（平凡社ライブラリー、堀一郎『聖と俗の葛藤』平凡社、一九九三年）でも指摘されている。

あとがきにかえて

宗教と経済活動の関係

1

三十年以上も前に、私は勤務していた都立北園高等学校の生徒から、教室で次のような質問をうけた。

「なぜ、平安末・鎌倉という時代にのみ、すぐれた宗教家が輩出したのか。ほかの時代ではなく、どうしてこの時代にこのような現象がおこったのか、説明せよ。」

これに対し、「私は一言の説明もなしえず、完全に頭を下げざるをえなかった」と、一九七八年に刊行した拙著『無縁・公界・楽――日本中世の自由と平和』（平凡社）の「まえがき」に書いてから、すでに二十年近い年月が経過している。

その著書も、それより少し前に世に出た『蒙古襲来』（小学館、一九七四年）と題した叙述も、この質問に対する答えを出すための努力の一つの結果にほかならなかったが、本書はそれ以後の模索の中で、どうやら見えてきたように思われるこの問題の私なりの「解決」への展望の中でまとめたものである。その意味でこれは、ここにいたるまでの長い廻り道の一応の集成であるが、同時にまた、到底私自身にはたやすく解決し難い新たな問題の発見の過程でもあった。

ただ、本書は講演会の速記に手を入れた文章を中心に、それぞれの機会に発表したものの寄せ集めであり、重複も目立つので、ここで、いま「解決」への展望といい、新たな問題の発見といった点を、整理してまとめておくことにしたいと思う。

2

高校生の質問を受けた三十年前から現在にいたるまでの間に、私自身の列島社会に対する見方は非常に大きく変ったといわなくてはならないが、その中で最も根本的な点の一つは、前近代の社会の中での非農業的な生業の比重が、それまで考えていたよりもはるかに大きいという事実を確認しえたことにある。

それはまず、供御人《くごにん》・神人《じにん》・寄人《よりうど》などとよばれた多様な職能民の集団が、天皇・神仏の直属民として課役・関料等の免除の特権を保証され、平安末期から中世にかけて、西国諸国においてはきわめて活発に広域的な活動を展開していたことを知ったことからはじまった。そしてそれと並行して、平民百姓の中にも、海民、製塩民、鵜飼《うかい》、山民、製鉄民、製紙民等、非農業的生業を主として営む人びとが少なからずいたことを、中世前期までについて追究し、『日本中世の非農業民と天皇』（岩波書店、一九八四年）などとしてまとめてみた。

また、百姓の負担する基本的な租税である年貢が、それまで概説などで米とされてきたのは誤りで、東国諸国の荘園・公領の年貢のほとんどが絹、布、綿であり、西国でも塩、鉄、材木、榑《くれ》、炭、油、紙、牛などの年貢が見え、東北は馬、金などを貢納しているなど、きわめて多様な物品が年貢となっていること、米を年貢とする荘園・公領は九州、瀬戸内海縁辺、畿内、北陸諸国等を中心とする一部にとどまることを、あわせて知ることができた。そこから中世の百姓が田畠《でんぱく》の穀物を生産する農業だけでなく、さまざまな生業を営んでいた事実を確認しえたのである。

しかし、その点について言及した『日本中世の民衆像』（岩波新書、一九八〇年）で、私はまだ、「近世以降、「百姓」といえば、「お百姓さん」という言葉からもわかりますように、それ自体、農民をさす語になっています」とのべ、近世になれば社会は成熟した「農業社会」となると考えていた(1)。

こうした見方が明確な誤りで、近世においても「百姓」はその原義の通り、直ちに農民を意味するのではなく、実態に即してみても「農人」だけでなく、商人、船持、手工業者、金融業者等、多様な非農業民を含んでいること、また従来、貧農・小作農と見られてきた水呑《みずのみ》、加賀・能登・越中の頭振《あたまぶり》、瀬戸内海地域の門男《もうと》（亡土）、越前の雑家《ざっけ》、隠岐の間脇《まわき》など、多様な呼称を持つ無高民《むたか》の中にも、土地を持てないのではなく全く持つ必要のない商人、廻船人、職人などの富裕な都市民が数多くいた事実を認識したのは、一九八四年から始まった神奈川大学日本常民文化研究所による奥能登地域と時国家の調査を通じてであった(2)。

それから十年間にわたる調査期間中、ほぼ毎週の金曜日に行ってきた、日本常民文化研究所編『奥能登時国家文書』の読書・研究会の中での調査に加わったメンバーの討論によって、参加者一同、このことを確認し、それぞれに独自な研究を現在まで推進しているが(3)、私自身もまさしく目の覚めるような思いをしたのである(4)。

これは、前近代の日本の社会を農業社会と見て怪しまなかったそれまでの広く行きわたった「常識」を根底から覆す事実であり、一方では多様な生業に結びついたすぐれた技術が、一部の少数の職能民集団だけでなく、きわめて広範な百姓の生活の中で培われてきた技術をその基底に持っていることを物語るとともに(5)、他方では交易、商業、流通、金融等の経済活動が前近代の社会の中で、古くから一貫して大きな比重を持っていたことを示唆するものといえよう。

それまで手探りで模索をつづけていた私は、この「発見」によって、従来の「日本社会像」に大きな偏《かたよ》りのあったことを確信し、新たにそれを描き直す上での見通しを得ることができたのであるが、同時に、長年の課題であったさきの仏教—宗教の問題を、経済活動との関わりの中で考えるための手がかりをつかむことができたと思ったのである。

3

これと並行して、さきの拙著『無縁・公界・楽』に対するさまざまな批判や提言に応えるため、考えを進めていく過程で、私はその中で「無縁」といってきた「原理」が、商品、貨幣、資本など「資本主義」的な経済活動と不可分の関係を持っていることに、あらためて気付かされていた(6)。

たとえば、「市庭《いちば》」が世俗との縁の切れた「無縁」の場であることは、すでに拙著の中でもふれており、勝俣鎮夫《かつまたしずお》氏の指摘する通り(7)、それは「神仏」の世界に近接した場ということもできるが、人は自らの生産物をそうした人の力をこえた「聖なる場」―「市庭」に投げこむことによって、それを「商品」としたのである。

そしてその「価値」を表示し、それ自体、商品交換の手段、支払の手段としての機能を果す物品、「貨幣」は、神仏に捧《ささ》げられ、世俗の人間関係から完全に切れた「無縁」の極致とでもいうべき「物品」でなくてはならなかったのであり、弥生時代以降、十三世紀までは米、絹、布など、十三世紀後半以降は銭貨、米等がそうした貨幣としての機能を果したのである(8)。

さらに貸付によって利子を収取し、また多くの職能民等の労働力を雇傭《こよう》して土木、建築等の事業を営むための「資本」も、「神仏」の物として蓄積され、「神仏」のためという名目で用いられたのであり、それもまた古く古代にまで遡《さかのぼ》りうる。そしてそうした事業を推進、経営しえたのは、中世では「無縁」の勧進聖《かんじんひじり》、上人であった(9)。

このように商業・金融等の経済活動はきわめて古くから、人の力を超えた「聖なる世界」、神仏と深く関わりつつ展開してきたのであり、十一世紀後半以降、京都を中心とした西国において、こうした活動に携わる人びとが天皇・神仏に直属し、その「奴婢《ぬひ》」であると自ら称する供御人・神人・寄人等の身分を保証された背景もそこに求めることができる(10)。

とはいえ、十二世紀後半から十三世紀前半までに、王朝によって西国諸国に即して制度化された神人・供御人制は東国においては作動しておらず、貨幣の物品についても、西国の米に対して東国の絹・布という地域差のあったこともあわせ、地域によってこうした経済活動に即した「聖なるもの」のあり方も異なっていたと考える必要があろう。

しかしこれまで、弥生時代以降の日本列島の社会を稲作中心の農業社会であったとする根強い思いこみから、こうした商業・金融等の経済活動については、せいぜい中世後期―十五世紀以降になってようやく社会の中で一定の役割を果し始めたととらえられるにとどまっていたが、前述したように百姓の中には古くから、農業以外の多様な生業に従事する人びとが多く含まれていたという事実を前提に置いて社会を見直してみると、商工業、金融、交通等に関わる生業は、「原始」といわれてきた社会から無視し難い比重を持ち、「自給自足経済」というとらえ方自体、厳密な意味ではその時期から成り立ち難いことが明らかになってきた。そしてその事実を確認しえたことによって、はじめて、宗教と経済活動との関係を本当に問題とし得るようになったのである。

また、七世紀末に確立した日本国の国制を支えた儒教的な農本主義と、こうした商業・金融等の経済活動とのきびしく緊張した関係も、またここに本格的に注目すべき問題として浮上してきたのであり、十三世紀後半から十四世紀にかけての社会の大きな転換の意義も、このような視点から、あらためて考え直してみる必要がでてきた。

そしてそうした見方の変化の中で、私は従来からこだわってきた「悪」の意義を新たに検討しなくてはならないと考えるようになっていった。

4

「悪」については、荘園・公領についての勉強を本当に始めた四十年以前のころから、「悪党《あくとう》」に即して気にかかりつづけており、これを「農民」の闘争、あるいは「領主」

の頽廃《たいはい》ととらえる見方に従えず、十三世紀後半以降の銭貨の社会への浸透と関連させて「貨幣の魔力」にとりつかれた人びとなどという思いつきをのべてみたことがあった。(11)

またそれとともに、飛礫《つぶて》などに関係して非人と「悪徒」、さらに河田光夫氏の強調する(12)「穢」と「悪」との不可分の結びつきについても考えるようになり、本書に収めた文章をはじめ、この点に言及したいくつかの拙論を発表してきた(13)のであるが、そこでもふれたように、いまは「悪」を人のたやすく制御することのできぬ得体の知れない力をさす語と考えている。「悪左府」の「悪」、売買を目的とした過度の殺生を行う人をさす「悪人」「猛悪」の「悪」、規制をこえた利子を貪《むさぼ》り、度を過ぎた利潤を収取する商人、金融業者についてもしばしば用いられる「悪僧」「猛悪」の「悪」(14)、さらに飛礫を打つ「結党の悪徒」、博奕《ばくち》について「諸悪の源」といわれたときの「悪」、そして「エタ」と関連して用いられた「悪人」の「悪」は、みなそのような意味に解することができよう。

十三世紀から十四世紀にかけての時期は、銭貨の本格的浸透に伴う人間関係のあり方の大きな変化、それ以前の神仏の権威の低下という、自然と社会の関係の転換に伴い、この「悪」をめぐって、政治的・思想的にきびしい緊張関係が生まれた。政治的には「悪党」・「海賊」を徹底的に禁圧し、商業・金融を抑制しようとする「農本主義」的政治路線と、むしろ商人、金融業者と積極的に結びついて流通路を支配し、悪党・海賊もそのために動員することを辞さない「重商主義」的路線との間の鋭い対立がつづくが[15]、思想的には、まさしくこの「悪」の問題と正面から向かいあった思想家たちが、鎌倉仏教の祖師となっていったということができるのではないか、と私は考えてみたいのである。

その中には、「悪人」を積極的に肯定し、自らもその中に身を置いた親鸞《しんらん》[16]、一遍《いっぺん》、日蓮《にちれん》などの動きと、それをやむをえぬあり方として承認し、それなりの位置づけを与えようとした律宗、禅宗などの動きとの違いはあったが、いずれも「悪」についての思索と対処を通して、それぞれの宗派を形成していったと見てよいのではなかろうか。

もとよりこれに対して、『天狗草紙《てんぐのそうし》』や『野守鏡《のもりのかがみ》』のような烈しい批判に代表される圧迫があったことはいうまでもないが、十四世紀から十五世紀にかけて、禅宗・律宗は幕府と結びついてその立場を確立し[17]、十五、六世紀には真宗、時宗、法華宗もその教線を拡大し、とくに真宗、日蓮宗は教団として大きな力を持つにいたったことは周知の通りである。

そしてこれが、多くの先学の研究に学びながら到達した最初にのべた高校生の質問に対する現在の私の解答ということになる。日本列島の人類社会は、日本国が出現してからの歩みの中で、それまで経験したことのない大きな転換期にさしかかりつつあり、そこに生じた「悪」をはじめとするきわめて深刻な問題に、思想家たちは真向から否応なしに取り組まざるをえなかったのである。「すぐれた宗教家」がこのときに輩出した理由はここに求めることができよう。

5

しかしこうした「解答」をともあれ出したことによって、さまざまな方向に向かって展望がひらけるとともに、もはや私の力などでは到底、解決し難い大きな問題が新たに出てきたように思われる。

鎌倉仏教をさきのように理解することによって、これまでやはり専ら農民、農村、領主、地侍などと結びつけて理解されてきたその諸宗派を、「資本主義」的な経済活動——禅律僧の勧進・修造——や、都市民と都市——真宗・時宗・日蓮宗の支持者——との関連で考える道がひらけてきた。これについては別に言及した(18)のでここでは立ち入らないが、さらに十五、六世紀以降の問題として、日蓮宗、時宗の勢力が相対的に強い東国と、真宗の強力な西国という大よその地域差を、前述した問題と重ねて厳密に追究すること、また商人、市庭の由緒書(19)に見られるような熊野の山臥《やまぶし》・御師《おし》、神人の東国での活動など、この時期の宗教的勢力の動きを、地域を十分に考慮に入れつつ広い視野から考えることなども、今後の興味ある問題として浮上してきたのである。

さらにまた、十六、七世紀、百姓は農業に従事していればよいという「農本主義」を建前とした世俗権力と、都市民に主として支えられた宗教勢力との正面からの衝突、後者の敗退という動きの中で、商人、金融業者の俗人化と社会的地位の低下が進行してゆくが、被差別部落が西国にとくに濃密に、固定化されてゆくのもそれと並行しており、これを新しい視点から全体として考える必要があろう。

従来、被差別部落は専ら農村、農民との関わりで問題にされ、江戸時代、権力によって政治的に設定されたといわれてきたが、むしろ都市あるいは都市的な場との関係を考える必要があり、単純な政治的問題とは到底いい難い根を社会の中に持っているのではないかと思われる。そしてこの問題についても、アイヌ、沖縄―琉球王国にはこうした被差別部落は存在しないこと、本州・四国・九州の東部と西部とでは大きくその濃淡に差異があり、東部では相対的に濃度が薄いこと、さらにより細かく地域に即して呼称も異なり、差別のあり方にも違いのあることなど、地域の実状を考慮したきめの細かい対応、研究が進められなくてはならない[20]。

しかしこうした問題を本格的に掘り下げていくために、なすべきことはきわめて多い。たとえば、従来、食糧生産に関わる田畠の農業に研究者の関心が集中していたことによって、百姓の多様な生業の実態はほとんど明らかにされていないといわざるをえないのであり、山野河海のそれぞれに即してさらに細かく追究する必要がある。海に関連しては漁労、製塩、廻船などを私なりに考察し、製鉄、鉄器生産、製紙についても若干、考えてみたことがあるが[21]、栗や漆、桑や苧《からむし》、材木・榑や炭、牛や馬等々、多少とも研究をすれば必ず成果の上がることが予想される未開拓の問題はきわめて多いのである。

しかしこうした作業を進めていくと、直ちにこれまでの学術用語の著しい貧困さにつき当らざるをえない。以前、私自身も絹、布、炭、油、薦《こも》、莚《むしろ》等を生産しつつ、田畠を耕作する人びとを、「一応農業民と概括することは不自然ではなかろう」とした[22]が、なお議論の余地は残るとしても、主として炭を焼き、油を作り、養蚕、絹織物に従事する百姓をたやすく「農民」といってしまうことは、やはり問題の所在を不明確にすることになろう。

あえていえば、「製炭民」、「養蚕民」のような用語を諸生業に即して創り出していく必要があるのではなかろうか。これまで、なお学界の承認を広く得たとはいい難いとはいえ、「海民」、「山民」の用語はどうやら通用するようになっており、漁民や林業の民は高校教科書でも一応「公認」されているが[23]、用語の創造はさらに思い切って行われなくてはなるまい。実際、江戸時代、実質的にはまぎれもない都市でありながら「村」とされたケースが非常に多いことを考えると、「村」といえばすぐに「農村」を連想するこれまでの「常識」は根底から改める必要がある。当面は海村・山村・平地村などをベースに農村、漁村、林村、工村、商村等々、さまざまな表現を積極的に用いなくてはならないので、村落生活の多様さに即し、歴史学上の用語、さらには言葉そのものも豊かな多様さを持つ必要があろう。

しかし問題はこうした具体的な実態を表現する用語にとどまらない。基本的な時代区分、あるいは社会構成を規定する用語にまでそれは及んでおり、現代の歴史学が大きな転換期にさしかかりつつあることは、そこからもはっきりとうかがうことができる。

たとえばさきにふれたように、商品、貨幣、資本を「原始」といわれた社会にまで、遠方に遡って考えることができるならば、「資本主義」ということれまで当然の如くに通用してきた規定自体、もう一度、学問的な再検討をする必要がでてくる。少なくともそれを直ちに「近代」と重ねてしまったのでは、科学と宗教など、恐らく人間の本質につながる問題を確実に切り落とし、それ自体を克服する道をふさぐことになってしまうと思われる。

「封建制」「封建社会」という用語についても同様である。さまざまな議論はあったとはいえ、これを農民を支配する封建領主、その領主たちの間で結ばれる土地を媒介とした主従制的な人間関係を基本にとらえてきた従来の見方は、近年、明らかにされてきた日本列島の社会の事実に即しても、これまで「中世」「近世」といわれてきた社会を規定する概念としてはすでに全く不十分になっている。

こうした領主の主従制的、あるいは「奴隷制的」な支配にたやすく従わない「自由民」としての百姓は狭義の農業だけでなく、山野河海に関わる生業をはじめ、商業、交易、交通にもきわめて古い時代から関係を持ってきたと考えられるのであり、そうした多様な人びとに対するさまざまな支配のあり方が究明されなくてはならない。われわれはすでに、佐藤進一氏の統治権的支配権[24]、保立道久氏の都市王権[25]など、こうした問題に即した積極的な規定を得ており、領主についても「海の領主」「川の領主」「山の領主」「交通路の領主」などのさまざまなあり方の研究もはじまっているが、さきにふれた百姓の多様な生業の実態の解明を含めて、これまで「封建社会」と規定されてきた中世、近世の社会のあり方を徹底的に検討し直し、新たな学問的規定を創造しなくてはならない。

いうまでもなく、それはさきの「資本主義」の問題と深く関わっているが、一方では、古代―「奴隷制社会」「アジア的」な社会についての再検討にもつながっている[26]。すでに「奴隷」の実態を世界的に究明しようとする試みははじまっているが、前述してきた問題に即していえば、「神の奴隷」というあり方を、広く世界の諸民族、諸国家の歴史の中において考えてみることも課題の一つとなりうるであろう[27]。

これは、従来、農業・牧畜以前の「原始社会」としてひとしなみに片づけられてきた、人類の歴史全体の中ではきわめて長い時代をどのようにとらえるかをふくめて、時代区分の「常識」を根本的に考え直し、歴史像を全く新たに描くという課題に結びついていくが、そのさい、古代・中世・近世・近代という区分の背景となってきた国民国家の枠組も取り払われる必要がある。

日本列島の社会に即してみれば、アイヌ、沖縄—琉球は本州・四国・九州と別個の時代区分を必要とするし、本州の東部—東国とその西部、四国、九州等の西国についても、直ちに同一の時代区分を立てうるわけではない。また、海を人と人とを結びつける交通路ととらえる視点に立てば、日本海世界、シナ海世界や「倭寇《わこう》」世界などに即した時代区分を考えることも可能なのである(28)。このようにこれまでの国民国家に即した一元的な区分ではなく、多元的な区分を組み合わせつつ、時代、社会を考えていく必要があろう。

6

以上、思いつくままにいくつかの問題についてふれてきたが、まもなく二十一世紀を迎えようとしている現代の人類社会が、きわめて重大な転換期にさしかかっていることは明らかで、人類はこれまで全く経験したことのない「壮年時代」に、全面的に入ろうとしていることは間違いない。

それを誤りなく、――〝頓死《とんし》〟などすることなく乗り切っていくためには、これまで単純な「進歩」の追究の中で切り落され、見逃されてきた世界の中に蓄積されてきた人類の豊富な経験と叡知《えいち》とを余すことなく汲《く》みつくし、未来に生かすことが必要であり、学問の性質上、否応なしにそれを課題として負わなくてはならない現代の歴史学の責任は非常に重い。

しかしあたかも十三世紀にすぐれた宗教家が輩出したように、いまこそ強靭《きょうじん》な思想に裏づけられた傑出した歴史家の輩出しうる時代、ということもできるのである。

今後とも老骨に鞭打《むちう》って努力することは怠らぬつもりであるが、若い世代の方々がもはや生命を失った灰色の理論の片隅にしがみつくのではなく、緑なす豊かで生きた現実そのものの中から、大胆に新たな歴史像を描き出し、この課題に見事に応えて下さることを心から期待したい。

本書には、故廣末保氏との対談「市の思想」を収録させていただいた。掲載をお許しいただいた夫人廣末良子氏に心から御礼申し上げる。

そして最後に、本書の構成、編集から書名の決定、刊行にいたるまで、すべてにわたって熱心かつ懇切に推進して下さった長井治氏に衷心から感謝の意を捧《ささ》げたいと思う。

（1）この点の誤りに気付いてからの増刷のさい、補注を挿入し、その誤りを訂正してある。
（2）この調査については、神奈川大学日本常民文化研究所奥能登調査研究会編『奥能登と時国家』（平凡社、「研究編1」一九九四年、「調査報告編2」一九九五年、「調査報告編1」一九九六年、「研究編2」二〇〇一年、「調査報告編3」二〇〇一年）にまとめられている。
（3）注（2）の「研究編1」に論文を執筆している方々は、それぞれに他の学会誌に力作を発表している。
（4）本書でもふれたが、拙著『日本社会再考』（小学館、一九九四年）、『続・日本の歴史をよみなおす』（筑摩書房、一九九六年）などでも詳述した。
（5）これは近年の三内丸山遺跡をはじめとする縄文時代、さらに弥生・古墳時代の遺跡の発掘成果によっても明らかであり、一部の「渡来民」による技術の伝播という従来の見方に再考を迫るものといえよう。
（6）この点については、中沢新一氏の指摘に啓発された。
（7）勝俣鎮夫「売買質入れと所有観念」『日本の社会史4　負担と贈与』岩波書店、一九八六年。『戦国時代論』岩波書店、一九九六年に収載。
（8）拙稿「境界領域と国家」『日本の社会史1』岩波書店、一九八七年。
（9）拙稿「貨幣と資本」『岩波講座　日本通史　第9巻　中世3』岩波書店、一九九四年。

(10)拙稿「中世前期における職能民の存在形態」『日本中世史研究の軌跡』東京大学出版会、一九八八年。
(11)拙著『悪党と海賊——日本中世の社会と政治』法政大学出版局、一九九五年。
(12)『河田光夫著作集』第一巻—第三巻、明石書店、一九九五年。このうちとくに第一巻所収の「親鸞と被差別民」など。
(13)拙稿「真宗の社会的基盤をめぐって——宗教と経済の関係について」『講座　蓮如』第一巻、平凡社、一九九六年。
(14)この点については、注(12)前掲『河田光夫著作集』第一巻所収「親鸞と商人」など参照。
(15)保立道久「酒と徳政——中世の禁欲主義」『月刊百科』三〇〇、平凡社、一九八七年。同「中世前期の新制と沽価法」『歴史学研究』六八七号、一九九六年。山本幸司「中世の法と裁判」『岩波講座　日本通史　第8巻　中世2』岩波書店、一九九四年。
(16)親鸞については注(12)、(14)前掲、「河田光夫著作集」参照。
(17)松尾剛次『勧進と破戒の中世史』吉川弘文館、一九九五年。
(18)注(13)前掲拙稿。
(19)これについては、一九九六年十一月二十三日、国立歴史民俗博物館において、第二三回歴博フォーラム「中世商人の世界——市をめぐる伝説と実像」と題するシンポジウムが行われた。大きな成果をあげたこのシンポジウムの記録は、まとめて刊行される予定と聞いている(編集部注=一九九八年、日本エディタースクール出版部から刊行された）。

(20) 師岡佑行・藤田敬一・網野の『京都の部落史』第一巻をめぐっての鼎談の①「進歩史観から落ちこぼれたもの」が『こぺる』四五号、一九九六年に掲載されており、②③がつづけて発表される予定であるが、そこでもこの問題が議論された。

(21) 拙稿「中世の鉄器生産と流通」『講座・日本技術の社会史』第五巻、日本評論社、一九八三年、「中世の製塩と塩の流通」「古代・中世・近世初期の漁撈と海産物の流通」。同上第二巻、一九八五年。「中世における紙の生産と流通」『美濃紙　その歴史と展開』木耳社、一九八三年。

(22) 拙著『日本中世の非農業民と天皇』岩波書店、一九八四年。

(23)『詳説日本史』（山川出版社、一九九六年）には、「農業を中心に林業・漁業に従事する百姓」という記述がある。

(24) 佐藤進一『日本中世史論集』岩波書店、一九九〇年。

(25) 注（15）前掲「中世前期の新制と沽価法」及び『平安王朝』岩波書店、一九九六年。

(26) 歴史学研究会の一九九四年の大会では「歴史における奴隷包摂社会」をテーマとして、この問題が議論された。

(27) 南アメリカのインカ帝国やアフリカの王権などとの比較の道がありうるであろう。

(28) 荒野泰典・石井正敏・村井章介「時代区分論」『アジアのなかの日本史Ⅰ　アジアと日本』東京大学出版会、一九九二年。

初出一覧　＊本書に収録するにあたり、「市の思想」を除いていずれも改稿した。

Ⅰ

絵師の心　一遍と「乞食非人」『茶道の研究』四〇七号　茶道の研究社　一九八九・一〇

境界に生きる人びと　『駒沢大学仏教学部論集』第一九号　駒沢大学仏教学部　一九八八・一〇・三一

中世の商業と金融　『横浜六大学連合学会　学術大会報告』横浜六大学連合学会　一九九五・三・三一

市の思想　『グラフィケーション』富士ゼロックス（編集　ル・マルス）一九八〇・一

Ⅱ

中世における聖と賤の関係について　『人権問題シリーズ　中世における聖と賤の関係について』中央大学学長室学事課　一九八六・七

中世における悪の意味について　『人権問題シリーズ　中世における悪の意味について』中央大学学長室学事課　一九九六・六

Ⅲ

日本中世の音の世界　『たたく　EARTH CELEBRATION'88　地球の祝祭』北前船（企画・編集鼓童）一九八八・一二・一

Ⅳ

一遍聖絵　『岩波講座　日本文学と仏教　第三巻　現世と来世』岩波書店　一九九四・三・七

＊

宗教と経済活動の関係　書き下ろし

解説

後期網野史学の代表作――「無縁」論から「資本主義」論へ――

呉座　勇一

網野善彦の独創的な研究は、一高校生の質問から始まった。「なぜ、平安末・鎌倉という時代にのみ、（親鸞《しんらん》や日蓮など）すぐれた宗教家が輩出したのか」。網野の代表作『無縁・公界・楽』（以下『無縁』と省略する）に見える右のエピソードは、多彩な顔を持つ「網野史学」の核心がどこにあるのかを私たちに教えてくれる。すなわち「宗教」である。

ここでいう宗教は、教団や教義を持つ狭義の宗教ではない。山や川などの自然に対する畏敬の感情といった人間の原始的な信仰心を指す。この素朴な宗教観を基盤に生まれた、この世界の全ては神仏のものであり人間によって所有されるべきではないという「原始以来の無主・無所有の原思想」を自覚的・積極的にあらわした「日本的」な表現が、網野のいう「無縁」である。そして網野は農業生産力の拡大が経済発展の原動力であるというマルクス主義歴史学の通説を批判し、「無縁」こそが商業や金融など経済活動の源泉だと説いた。宗教と経済の密接不可分な関係を明確に示した中世史研究者は、網野が初めてである。

被差別民の発生についても斬新な説を提唱した。かつて遊女や河原者（皮革業者）や乞食も、広い意味では神仏・天皇に仕える芸能民とみなされ、必ずしも蔑視されていなかったと網野は説く。それどころか、彼ら非農業民は「無縁」性を帯びた神に近い存在として一般の平民＝農民から神聖視されることとすらあったという。ところが十三世紀後半以降、日本社会の文明化（貨幣経済の進展、識字率の上昇など）が進む中で、神仏・天皇の権威が低下し、それに伴って非農業民は穢《けが》れた存在、あるいは「悪人」「悪党」とみなされるようになった。「聖なるものと見られて、その点で平民から区別されていたが故に、差別・賤視《せんし》の対象となる」というわけだ。

非農業民の聖から賤への転落という社会動向に対し、彼らの救済に乗り出したのが、親鸞や日蓮などの、いわゆる「鎌倉新仏教」の祖師たちである。網野に従えば、乞食僧の姿で全国を遍歴した一遍はその最もラディカルな実践者である。なんと刺激的で魅力的な歴史像だろうか！

本書で網野は「中世の段階では、実際、商人も芸能民に入るんです。商人だけでなく、呪術者《じゅじゅつしゃ》、宗教人も手工業者もいまのような狭い意味ではなくて、ひっくるめて全部「芸能」という言葉でくくっている」「非人や河原者の社会的な身分は、実はこういう商工業者や芸能民と本質的には同じと考えることができると私は思うのです」（本書九三、一二八ページ）と語っている。このような広い視野を持つことで、従来は別個に研究されてきた社会経済史・芸能史・宗教史、さらには被差別部落史がつながっていく。この〝つなげる〟力こそが網野史学の最大の特徴であろう。そして網野は、非農業民たちのつながり＝「無縁」に、中世社会変革の可能性を見いだした。結局「無縁」は「有縁」の前に敗れ去るが、「瀕死《ひんし》の状況にたちいたったと思われても、それはまた青々とした芽ぶきをみせるのである」（『無縁』）。

「無縁」という言葉は基本的に「寄る辺がない」といったネガティブな意味で用いられる。しかし網野は「無縁」を既存の社会秩序、しがらみからの離脱として肯定的に捉えた。そして網野は、日本中世社会の中から様々な無縁の場、無縁の人を掘り起こし、世俗の人間関係から解放されることで生じる自由、そして彼らの連帯を称賛した。この無縁論が網野を論壇のスターに押し上げたと言っても過言ではない。

しかし網野の学説は、彼の研究人生を通じて変容を遂げてきた。本書の初版が刊行されたのは一九九七年で、『無縁』の刊行から二十年近く経過している（増補版刊行からは十年）。この間に網野の考えは大きく変化している。

最大の変化は、日本中世に「資本主義」の萌芽《ほうが》があった、と論じ始めたことだろう。「市庭《いちば》」が世俗との縁が切れた「無縁」の場であり、神仏の支配地であるという主張は『無縁』の段階から表明していたが、それを「資本主義」と結びつけるようになったのは本書収録の「境界に生きる人びと」（一九八八年）以降である。

その後、十年ほどの間、網野は中世「資本主義」論を積極的に展開していく。本書収録の諸論考は概《おおむ》ねこの時期に書かれたものである。そして中世史家の桜井英治氏が指摘するように、一九九七年いっぱいで網野は「資本主義」論を封印する。ちょうどこの時期はバブル経済、バブル崩壊、そして金融危機という日本経済の激動期であり、日本型資本主義の限界が見えてきたところで、網野が「資本主義」論を唱えなくなったのは偶然ではないだろう。

さて本書を一読して気づくのは、「無縁」という言葉がほとんど出てこない点である。網野は「境界に生きる人びと」でこそ「商業、金融、技術、そして貨幣も「無縁」ということになるので、確かにこれはやがて資本主義として展開していく諸活動、諸要素であります」（本書四六—四七ページ）と、「無縁」と「資本主義」の関係性を指摘しているが、「中世の商業と金融」（一九九五年）では「無縁」に言及していない。「この時期の商業・金融がその担い手、さらにそれを支える貨幣、資本それ自体をも含めて、神仏と結びつくことによってはじめて成り立ち得ている」（本書六〇—六一ページ）といった表現からは、意識的に「無縁」という語の使用を避けている印象を受ける。

なぜ網野は自身の研究の代名詞ともいうべき「無縁」を捨てたのだろうか。『無縁』の論理構成に網野が問題を感じ始め、『無縁』を切り捨てるために「無縁」を葬ったのだと評者は考える。いわば発展的解消である。

『無縁』は一見すると「原始社会—奴隷制社会—封建農奴社会—資本主義社会」という「世界史の基本法則」と完全に決別した大胆な書に映る。けれども実のところ、その影響からなお脱していない。

網野がいう「原無縁」、すなわち「原始の自由」には明らかにマルクス・エンゲルスの原始共産制のイメージが入り込んでいる。また、『無縁』の結びの言葉「日本の人民生活に真に根ざした「無縁」の思想、「有主」の世界を克服し、吸収しつくしてやまぬ「無所有」の思想は、失うべきものは「有主」の鉄鎖しかもたない、現代の「無縁」の人々によって、そこから必ず創造されるであろう」は、日本で共産主義革命が起こることに期待を込めた一文である。

むろん網野善彦は生涯を通じてマルクス主義を信奉しており、晩年に「老マルキスト」と自称することもあった。しかし網野はマルクス・エンゲルスの原典に立ち返り、彼らの真意をつかむべきという問題意識を持っており、教条化・硬直化したソ連型のマルクス主義には批判的だった。「資本主義」を近代の産物と捉えず中世に起源があると考え出した網野にとって、『無縁』の論述は公式的で古色蒼然《そうぜん》たるものに思えただろう。

加えて、網野は一九八四年から十年間にわたって、奥能登の『時国家文書《ときくにけもんじょ》』の調査を行い、土地を持たない貧しい農民と思われていた「水呑《みずのみ》」の中に廻船商人や職人など富裕な都市民が数多く含まれていたことを解明した。網野の名言「百姓は農民ではない」の誕生である。「農業社会」だと思われていた江戸時代に豊かな非農業民の世界が広がっているという事実は、網野が中世「資本主義」論を提起する上で大きな武器となった。その反面、中世後期から近世にかけて「無縁」の原理が衰退し、非農業民が居場所を失っていくという『無縁』の構図とは相容れないものである。

さらに、『無縁』の時点での網野には、民族主義的な傾向があった。同書のまえがきで網野は、「もしも読者が、この粗野な叙述の中から、われわれ日本人の歴史が、他の諸民族――人類の歴史に共通した法則に貫かれているとともに、われわれの祖先たちも、決して他の諸民族にひけをとらないだけのものを、自らの生活そのものの中から生み出したことを、多少とも知っていただければ、それで私の望みは叶《かな》えられたといってよい」（波線は評者が付した）と記し、「無縁」の原理を生み出した日本人を称揚した。

ところが本書収録の「中世における聖と賤の関係について」（一九八六年）では、「われわれはしばしば日本列島に最初から「原日本人」というきわめて均質な集団が住んでいて、それがわれわれの先祖なのだという見解を聞いており、それが大方の常識になっていますけれども、この見方自体に大きな誤りがふくまれているのではないかと思います」と述べ、古代においては「西日本人と東日本人の差と西日本人と朝鮮半島南部の人びととの違いを比べてみて、どちらが大きかったかということは、簡単に結論を出せることではないと思います」（本書一〇九—一一〇、一一六ページ）といささか挑発的な言葉を投げかけている。

そして「中世における悪の意味について」（一九九六年）では「「日本」というのは国の名前なので、この国の名前が決まる前には「日本人」もいないし、「日本国」もこの世になかった」（本書一四七—一四八ページ）と論じている。こうした問題関心は『東と西の語る日本の歴史』（一九八二年）の段階から見えていたが、日本の歴史学界で国民国家を相対化する研究視角が定着するにつれて、網野の日本人単一民族説批判のボルテージは上がっていき、晩年の著作『「日本」とは何か』（二〇〇〇年）に結実する。網野が民族主義的な無縁論を封じたのは必然だったと言えよう。

実は、中世史学界において高く評価されている網野の業績は、『蒙古襲来』（一九七四年）、「中世都市論」（一九七六年）、『中世東寺と東寺領荘園』（一九七八年）であり、ベストセラーになった『無縁』は論理の飛躍が著しいとして激しく批判された。一九八八年から九七年にかけて網野が熱中した中世「資本主義」論に対しては、突飛すぎる議論として『無縁』以上に冷ややかな視線が浴びせられた。一方、他分野の研究者、文化人は、中世「資本主義」論をはじめとする後期網野史学の絢爛《けんらん》さに魅了され、網野は彼らと数々の対談本を出した。

「無縁」論から「資本主義」論への移行を〝進化〟と見るか〝退行〟と見るか。それは読者である皆さん一人ひとりの判断に委ねられている。

（国際日本文化研究センター助教）

本書は二〇一二年六月に洋泉社より刊行された『新版　日本中世に何が起きたか　都市と宗教と「資本主義」』（歴史新書y）を文庫化したものです。

日本中世《にほんちゅうせい》に何《なに》が起《お》きたか

都市《とし》と宗教《しゅうきょう》と「資本主義《しほんしゅぎ》」

網野善彦《あみのよしひこ》

平成29年 3月25日　初版発行
令和4年 5月25日　10版発行

発行者●青柳昌行

発行●株式会社KADOKAWA
〒102-8177　東京都千代田区富士見2-13-3
電話　0570-002-301(ナビダイヤル)

角川文庫 20264

印刷所●株式会社KADOKAWA
製本所●株式会社KADOKAWA

表紙画●和田三造

●お問い合わせ
https://www.kadokawa.co.jp/（「お問い合わせ」へお進みください）
※内容によっては、お答えできない場合があります。
※サポートは日本国内のみとさせていただきます。
※Japanese text only

ISBN978-4-04-400191-9　C0121

◆◇◇

角川文庫発刊に際して

角川源義

第二次世界大戦の敗北は、軍事力の敗北であった以上に、私たちの若い文化力の敗退であった。私たちの文化が戦争に対して如何に無力であり、単なるあだ花に過ぎなかったかを、私たちは身を以て体験し痛感した。西洋近代文化の摂取にとって、明治以後八十年の歳月は決して短かすぎたとは言えない。にもかかわらず、近代文化の伝統を確立し、自由な批判と柔軟な良識に富む文化層として自らを形成することに私たちは失敗して来た。そしてこれは、各層への文化の普及滲透を任務とする出版人の責任でもあった。

一九四五年以来、私たちは再び振出しに戻り、第一歩から踏み出すことを余儀なくされた。これは大きな不幸ではあるが、反面、これまでの混沌・未熟・歪曲の中にあった我が国の文化に秩序と確たる基礎を齎らすためには絶好の機会でもある。角川書店は、このような祖国の文化的危機にあたり、微力をも顧みず再建の礎石たるべき抱負と決意とをもって出発したが、ここに創立以来の念願を果すべく角川文庫を発刊する。これまで刊行されたあらゆる全集叢書文庫類の長所と短所とを検討し、古今東西の不朽の典籍を、良心的編集のもとに、廉価に、そして書架にふさわしい美本として、多くのひとびとに提供しようとする。しかし私たちは徒らに百科全書的な知識のジレッタントを作ることを目的とせず、あくまで祖国の文化に秩序と再建への道を示し、この文庫を角川書店の栄ある事業として、今後永久に継続発展せしめ、学芸と教養との殿堂として大成せんことを期したい。多くの読書子の愛情ある忠言と支持とによって、この希望と抱負とを完遂せしめられんことを願う。

一九四九年五月三日